**मनीषा कुलश्रेष्ठ**

जोधपुर में जन्मी मनीषा विज्ञान में स्नातक और हिन्दी साहित्य में एम. ए, एम. फिल और कथक में विशारद हैं। वे पिछले पच्चीस सालों से कथा लेखन में सक्रिय हैं। अब तक इनके सात कहानी संग्रह और पाँच उपन्यास प्रकाशित हो चुके हैं, जो राष्ट्रीय ही नहीं, वैश्विक स्तर पर भी सराहे गए हैं। 2019 में प्रकाशित उपन्यास *मल्लिका* को पाठकों और समीक्षकों, दोनों ने बहुत पसंद किया। इनके उपन्यास और कहानियाँ अंग्रेज़ी, रूसी, डच सहित कई भारतीय भाषाओं में अनूदित हो चुकी हैं। विश्व हिन्दी सम्मेलन जोहान्सबर्ग में शिरकत के अलावा वे हायडलबर्ग, जर्मनी में उपन्यास के पाठ के लिए जा चुकी हैं।

मनीषा कुलश्रेष्ठ कथा साहित्य के कई महत्त्वपूर्ण सम्मान प्राप्त कर चुकी हैं, जिनमें उल्लेखनीय हैं—राजस्थान साहित्य अकादमी का रांगेय राघव सम्मान, घासीराम वर्मा पुरस्कार, कृष्ण प्रताप कथा सम्मान, गीतांजलि इण्डो-फ्रेंच लिटरेरी प्राइज़, वनमाली कथा सम्मान, ढींगरा फाउंडेशन का अंतरराष्ट्रीय कथा सम्मान, के.के. बिड़ला फाउंडेशन का बिहारी सम्मान। उन्हें कृष्ण बलदेव वैद फैलोशिप, रज़ा फैलोशिप तथा संस्कृति विभाग की सीनियर फैलोशिप भी मिल चुकी है।

इनका संपर्क : manishakuls@gmail.com

# होना अतिथि कैलाश का

मनीषा कुलश्रेष्ठ

ISBN : 9789389373202



HONA ATITHI KAILASH KA (Travelogue )
by Manisha Kulshreshtha

**राजपाल एण्ड सन्ज़**

1590, मदरसा रोड, कश्मीरी गेट, दिल्ली-110006
फोन : 011-23869812, 23865483, 23867791
e-mail : sales@rajpalpublishing.com
www.rajpalpublishing.com
www.facebook.com/rajpalandsons

*कैलाश को, जिसके पास मेरे*
*असंख्य अस्तित्वगत सवालों का*
*एक ही जवाब था,*
*विराट मौन!*

“The country through which we had been travelling for days has an original beauty. Wide plains were diversified by stretches of hilly country with low passes. We often had to wade through swift running ice-cold brooks. It has long since we had seen a glacier, but as we were approaching the Tasam at Barka, a chain of glaciers gleaming in the sunshine came into view. The landscape was dominated by the 25,000 foot peak of Gurla Mandhata; less striking, but far more famous, was the sacred mount Kailash, 3,000 feet lower, which stands in majestic isolation apart from the Himalayan range.”

—*Seven Years in Tibet* by Heinrich Harrer

''एशियाई आधारभूत आस्था का मुख्य मन्दिर जिसके दर्शन मैंने स्वयं किये हैं, वह एक बर्फ़ में चमकता हुआ पर्वत है। इसकी समरसता, बनावट व विशिष्ट आकृति कैलाश नाम को सार्थक करती है। यह दुनिया के समस्त पर्वतों में पवित्रतम पर्वत है इसलिये देवताओं की रमणीक राजधानी है।''

—ऑगस्ट गैन्सर

# क्रम

# प्राक्कथन

*सौ पहाड़ चढ़ लिये मैंने,*
*हज़ारों मील चला हूँ मैं*
*लाखों जीवन जी लिए*
*कैलाश तक पहुँचने के लिए*

यात्रा क्या है? कुछ लोगों के लिए ध्येय है, कुछ लोगों के लिए रास्ते का आनंद, कुछ के लिए पलायन, कुछ लोगों के लिए नये लोगों, नई ज़मीनों, नये मौसमों से मिलने का बहाना।

लेकिन जो कैलाश की तरफ़ पहला कदम उठाते हैं वे जानते हैं कि न तो यह केवल तीर्थ-यात्रा है, न ही यह रोमांच का सफ़र है। यह अपने मनोबल और देह की सीमाओं से आगे बढ़ कर किसी आंतरिक दुनिया की खोज की शुरुआत है। कैलाश के निकट पहुँच कर आप समय की अनंतता के परिप्रेक्ष्य में जीवन के सार को समझना आरंभ कर देते हैं। चाहे फिर आप नास्तिक हों कि आस्तिक।

आज जब मैं अपने आरामदेह कमरे में बैठ कर अपने कैलाश यात्रा के अनुभवों को दर्ज़ कर रही हूँ तो मुझे ही विश्वास नहीं होता कि वह दुर्गम यात्रा मैंने की है, मृत्यु के निकट से सहज ही गुज़र कर आई हूँ मैं। वे पल कितने वीतरागी थे, जैसे मृत्यु सामान्य सी घटना हो इस ब्रह्मांड में। मैं जब फ़ोटो और विडियोज़ देखती हूँ तो लगता है, हाँ मैं कोई कहानी नहीं अपनी ही दुर्गम यात्रा का संस्मरण लिखने रही हूँ। जो एक सुखद और भयानक सपना दोनों एक साथ है। जहाँ उपभोक्तावादी संसार की याद दिलाने के लिए कुछ भी नहीं है।

कैलाश का संसार ऐसा है कि वहाँ हर व्यक्ति को अलग-अलग अनुभव होते हैं। मेरे लिये यह प्रकृति की अदम्यता पर अपनी सीमाओं को परखने और

कुछ अवाक् कर देने वाला देखने की थी। लेकिन कैलाश ने केवल अवाक् नहीं किया एक दर्शन भी जगा दिया।

मेरी कल्पना में कैलाश की प्रथम छवि कालिदास के मेघदूत (नागार्जुन कृत अनुवाद) से बनी थी—ताज़ा तराशे हाथी दाँत सा गोरा है कैलाश! मैंने बचपन में एक खूब सक्रिय और घुमक्कड़ पारिवारिक अंकल के ड्राईंगरूम में उनकी कैलाश-मानसरोवर की यात्रा का मढ़ा हुआ चित्र देखा था। वह यात्रा अंटार्टिक की यात्रा सी ही दुरूह और जुनूनियों के जाने योग्य मानी जाती थी।

माँ से सोने से पहले सुनी बातें कि मानसरोवर ही क्षीर-सागर का भूमि प्रतिरूप है। ऐसी दुरूहतम और दिव्यतम जगह पर जाने के सपने तक देखने का साहस नहीं किया था। कुछ बड़े होकर कुछ यात्रा वृत्तांत पढ़े थे तब लगा था कि जान पर खेलने का शौक पालने वाले जा भी सकते हैं। फिर 1988 में मालपा में हुई भयानक लैंडस्लाइड जिसमें प्रतिमा बेदी सहित पूरे गाँव के महा-समाधि में बदल जाने और तीन सौ यात्रियों की मृत्यु के हादसे ने दिल दहला दिया था और मेरे सपनों ने उधर कभी कदम भी नहीं रखा।

जब संस्कृति मंत्रालय द्वारा प्रदत्त सीनियर फैलोशिप के प्रोजेक्ट 'मेघदूत की राह के पथिक' के चलते कालिदास वर्णित मेघ-मार्ग की अनवरत यात्राओं का संजोग बना तो गंतव्य तो कैलाश ही था। कैलाश के बिना वह मार्ग कहाँ पूर्ण होता?

भले ही मध्यवयस हो ही चुकी थी किंतु मेरी ऊर्जा और मेरा स्वास्थ्य अक्षुण्ण था केवल भय पर विजय पानी थी। कुछ किताबें कैलाश पर पढ़ कर जिस क्षण भय से उबरी, कैलाश यात्रा का निर्णय ले लिया था। पहले मैंने अकेले ही जाना तय किया था क्योंकि मेरे सहयात्री अंशु फौज की नौकरी के दास, विदेश यात्रा हेतु अनुमति, लंबी छुट्टी आदि की कठनाइयाँ मेरे कार्यक्रम में बाधा प्रस्तुत कर सकती थीं। लेकिन उन्होंने साफ कह दिया था—"कैलाश तुम अकेले नहीं जाओगी मैं भी साथ चलूँगा।"

"लेकिन तुम्हारी फॉरेन लीव परमिशन, छुट्टी? इन सब मुसीबतों के चलते मेरा भी प्लान खराब होगा। मैं इस जुलाई या अगस्त में जाना तय कर चुकी हूँ। वह भी भारत सरकार वाले पुराने लंबे मार्ग से।"

''मुझे बस साथ जाना है, कैसे वो मैं मैनेज कर लूँगा। मगर हम नेपाल के रास्ते होकर जाएँगे, ट्रेवल-एजेंसी वाली यह यात्रा बीस दिन में निपट जाएगी जबकि पारंपरिक विदेश मंत्रालय आयोजित यात्रा में वह धारचूला वाला रूट महीना लगा देता है, लैंड स्लाईड में दिनों-दिन फँसने का डर अलग।''

मैं समझ गई थी कि अंशु का मेरे प्रति लगाव और परवाह मुझे इस दुर्गम यात्रा पर अकेले नहीं जाने देंगे सो नेपाल होकर जाने की शर्त मान ली। मुझे कष्ट एक ही था कि कालिदास का मेघदूत वर्णित 'क्रोंचरंध्र' मुझसे अनदेखा छूट जाएगा? जिसे वासुदेवशरण अग्रवाल 'लिपुलेक दर्रा' करार करते हैं। हालाँकि कुछ लोग नीतिपास को क्रोंच-रंध्र कहते हैं। हर वो दर्रा जिससे हिमालय वासी आप्रवासी पक्षी भारत में प्रवेश करें वही क्रोंच-रंध्र।

मार्ग कोई हो कैलाश जा पाना ही मेरे लिए उत्साह का विषय था। इस यात्रा ने मुझे बहुत से अनुभव करवाए। मेरे बहुत से भौगोलिक, ऐतिहासिक, सामाजिक, राजनैतिक भ्रम टूटे और नये बने। इस यात्रा में अलौकिक अलका-नगरी भी भ्रम बन कर साथ तो रही लेकिन मिली कहीं नहीं। निसंदेह कैलाश-परिक्रमा ने विराट अनुभवों से मेरा साक्षात्कार करवाया।

यह मेरे मन की आकांक्षाओं का सबसे दुर्धष स्वरूप था, जिस पर मैंने विजय पाई।

अपनी इस यात्रा के कितने ही सूक्ष्म अनुभवों को तो मैं शब्द ही नहीं दे सकूँगी, लेकिन मेरा प्रयास रहा है कि मैं बाह्य यात्रा के साथ अपने अंतस की यात्रा को भी शब्द दे सकूँ। सोने में सुहागा तो तब हो कि यह पुस्तक अन्य कैलाश-परिक्रमा की वांछा करने वालों के लिए पथ-प्रदर्शक साबित हो। मैं यही कहूँगी कैलाश तीर्थयात्रा नहीं यह स्वयं से साक्षात्कार की और प्रकृति से तादात्म्य की यात्रा है।

मेरा प्रथम आभार संस्कृति मंत्रालय को कि 'मेघदूत-मार्ग' के अटपटे प्रोजेक्ट को स्वीकृति प्रदान कर, मुझे सीनियर फैलोशिप देने का, जिसके चलते कैलाश-यात्रा संभव हुई। दूसरा आभार उस एक को जो हर दुर्गम जगह पर मेरे साथ होकर मेरी छाया को भी ठोकर खाने से बचा लेना चाहता है। तीसरा आभार मेरी हमउम्र शीला बेन (हमारी ट्रेवल एजेंट) को जिन्होंने हमारा

न केवल हर पल ख्याल रखा बल्कि यह कह कर हमेशा साहस दिलाया कि यह मेरी आठवीं यात्रा है और जब तक दम-खम है, हर साल करूँगी। चौथा आभार श्याम जी शेरपा को जिन्होंने पूरी यात्रा में न केवल मुझे ज्ञान-समृद्ध किया बल्कि उन अलंघ्य ऊँचाइयों में पैदल चलने में हर पल सहायक रहे। पाँचवाँ आभार उन आत्मीयों को जो हमारी कैलाश यात्रा के दौरान लगातार प्रार्थनारत थे कि हम सकुशल लौट आएँ। छठा आभार उस तिब्बती गाईड, हमारे ड्राइवर डॉन जुआ, अन्य कुलियों-पोर्टरों का जिन्होंने भीषण लैंड्स्लाईडों में हमें दुर्लंघ्य रास्ते पार कराए। सातवाँ आभार तिब्बती लामा जी और तिब्बत के अजनबी दोस्तों का जिन्होंने मेरे मानवता में यकीन को पुख़्ता किया।

अब उस विराट सत्ता से मेरे सूक्ष्म-स्थूल अनुभवों का लेखा-जोखा आपके हवाले।

30 नवम्बर 2019

**—मनीषा कुलश्रेष्ठ**

# कैलाश कल्पित से वास्तविक तक

कैलाश की पौराणिक संदर्भ-यात्रा से लेकर भौगोलिक अवस्था एक सम्पूर्ण पुस्तक की मांग करती है। इस अध्याय में एक सारगर्भित विश्लेषण का प्रयास

हिमालय अपने आप में एक विशिष्ट भू-खंड का नाम है। जिसके अपने भूगोल के भीतर भी एक वृहत रहस्यमय संसार बसता है। इसके वृहत प्रांगण में न जाने कितने ही आश्चर्यजनक, अप्रतिम भौगोलिक-प्राकृतिक स्वरूप विकसित हुए हैं। उच्च शिखर, गहरे दर्रे-घाटियाँ, नदियाँ, सरोवर, बुग्याल आदि। मनुष्य ने इसके अलंघ्य क्षेत्रों में पहुँच कर जीवन के ऐसे विराटतम और सूक्ष्मतम अनुभव प्राप्त किये कि ये दुर्गम क्षेत्र मानव-समूहों के विविध आध्यात्मों और संस्कृतियों के केन्द्र बन गये।

प्रकृति की शक्ति से नत होकर इसके गुह्यतम रहस्यों में अपनी आस्था का गहनतम बिंदु खोजना आदि-मनुष्य ने जाने कब आरंभ किया होगा, क्या उसने यह सोचा होगा कि मानव और विज्ञान के विकास के चरम पर जाकर भी उसके वंशज उसके बनाए आस्था के केंद्रों में अपना निर्वाण खोजेंगे? यह तो सर्वविदित ही है कि हिमालय न जाने कितनी सभ्यताओं से मनुष्य की आस्था का केन्द्र रहा है कि इसका वर्णन प्राचीनतम पुराणों तक में मिलता है।

स्वामी प्रणवानंद की किताब 'कैलाश-मानसरोवर' की भूमिका (पृ. 7) में वासुदेव शरण अग्रवाल लिखते हैं—"आज से सहस्त्रों वर्ष पहले

हमारे पूर्वजों ने हिमालय का अन्वेषण कर डाला था। वे उसके कोने-कोने पर पहुँच चुके थे। इस वाक्य में पहले अतिशयोक्ति जान पड़ती थी वहीं संस्कृत साहित्य की छान-बीन करने पर सत्य में बदल जाती है। हिमालय की त्रैकालिक सत्ता हमारी आँखों से कभी ओझल न होने पावे इसीलिए मानो कवि कालिदास ने 'कुमारसंभव' के दिव्य-संगीत का प्रारंभ इस प्रतिज्ञा के साथ किया है—

*अस्त्युत्तरस्यां दिशि देवतात्मा हिमालयो नाम नगाधिराजः।*
*पूर्वापरौ तोयनिधि वगाह्य स्थितः पृथिव्या इव मानदण्डः॥*

अर्थात हमारी उत्तर दिशा में पर्वतराज हिमालय विद्यमान है। वह मिट्टी-पानी और पत्थरों का ऊँचा धेर नहीं वरन देवतात्मा है। अर्थात देवत्व के अमर भावों से परिपूर्ण है। हिमालय पूर्व और पश्चिम में समुद्रों के बीच के भूभाग को नापता पृथ्वी के मानदंड की तरह स्थित है। हिमालय प्रणाली में सबसे विशिष्ट है, कैलाश-खंड जो दो सरोवरों, दो शिखरों (गुरला मंधाता और कैलाश) और चार महानदियों के स्रोतों से जुड़ कर विशाल प्राकृतिक प्रांगण बनता है। इस अतुल्य भू-खंड से आकर्षित होकर अनेक मानव समुदायों ने, धर्मों ने यहाँ अपनी आस्था का उच्चतम और कठिनतम प्रश्रय पाया है। यही वजह है कि प्राचीन और वर्तमान रहस्यवादी विद्वान हिमालय के समस्त पर्वतों में कैलाश को सबसे अधिक महत्त्व देते हैं।

मान्यता तो यह है कि कैलाश हिमालय से उत्तर की ओर तिब्बत में स्थित अदभुत सौंदर्य वाला पर्वत 'कैलाश' जिसके चार फलक (आमुख हैं) चार महान धर्मों : तिब्बती बौद्धवाद, हिन्दूवाद, जैन धर्म एवं बौद्ध पूर्ब जीववादी धर्म : बॉन्पो के प्रतीक हैं। सुदूर पूर्वी एशियाई देशों से लेकर भारतीय उप-महाद्वीप और मध्य एशियाई देशों तक हर जगह, यहाँ तक कि मध्य पूर्व जैसे दूरस्थ स्थानों में भी कैलाश को सदियों से बहुत पवित्र जगह माना जाता रहा है कैलाश हिमालय का एक विशेष प्रदेश है जिसका उल्लेख तो मत्स्य-पुराण में भी इस संदर्भ में मिल जाता है—

*मध्ये हिमवतः पृष्ठे कैलाशो नाम पर्वतः*

('मत्स्य पुराण' 121/2)

कैलाश का संस्कृत में अर्थ 'क्रिस्टल' माना जाता है। किंतु इसके अतिरिक्त कुबेर के निवास स्थान के रूप में 'कैलाश' शब्द का उपयोग होता आया है। अर्थ निकालने वाले 'केली-क्रीड़ा' से भी इसे शिव-पार्वती की प्रेम-क्रीड़ाओं का स्थान 'कैलाश' मान लेते हैं जो मुझे असंगत लगता है। स्थापत्य और वास्तुकला में 'कैलाश' ऐसा षट्कोण देवमंदिर भी कहलाता है जिसमें कई शिखर हों। नाड़ी विज्ञान में शरीर के आज्ञा-चक्र का एक नाम भी कैलाश है। तिब्बती इसे 'कांग रिंगपोचे' (बहुमूल्य हिमशिखर) कहते हैं। एक और वजह यह है कि इसकी तलहटी मे एक जनजाति रंङ या रंग्य रहती है जो शिव को 'स्यांग्य सै' नाम से उच्चारित करती है।

कैलाश से चार नदियों का निकलना भी इसे बहुसमुदायों की अनन्य आस्था का केन्द्र बनाता है। उत्तर की और सिंहमुख नदी, पूर्व की और अश्वमुख नदी, दक्षिण की और मयूरमुख नदी तथा पश्चिम की ओर गज़ मुख नदी, यह सत्य है कि चार प्रमुख नदियों-सिंधकाली, यर्लांग सोंपो (ब्रह्मपुत्र), करनाली एवं सतलुज का उद्‌गम वास्तव में कैलाश पर्वत के पास से ही होता है। बौद्ध दार्शनिक कहते हैं कि यह पर्वत स्वयंभू है। कैलाश पर्वत के दक्षिण भाग को नीलम, पूर्व भाग को क्रिस्टल, पश्चिम को रूबी और उत्तर को स्वर्ण रूप में माना जाता है। जैसे हिन्दु मानते हैं कि कैलाश के ये फलक ब्रह्मा-विष्णु-महेश हैं। वैसे ही प्रसिद्ध कैलाश-विज्ञ बिमल डे बताते हैं कि—'वह देखिए कैलाशनाथ को घेर रखा है तीन देवताओं के तीन शिखरों ने—चाना दोरजे या वज्र पाणि, जाम्पेलियांग या मंजुश्री, चेनरेसिग या पद्मपाणि अवलोकितेश्वर। ('महातीर्थ के कैलाशबाबा', बिमल डे. पृ. 246)

कैलाश शिखर की विराट शिवलिंग की भाँति आकृति उसे हिन्दू मान्यताओं में परम-विशिष्ट बनाती है। अन्य कमल दल की तरह घेरे हुए धूसर पर्वतों के मध्य कैलाश वर्ष भर बर्फ़ से आच्छादित रहता है, और कैलाश के एकदम सम्मुख नंदी पर्वत (बैठे हुए बैल की आकृति जैसा पर्वत) इसे और अलौकिक बनाता है। तिब्बत के लिए तो यह बहुत विशेष है, जहाँ पर एक गुफा में उनके कवि संत मिलारेपा ने ध्यान लगाते हुए कई वर्ष बिताए थे। कैलाश केवल एक पवित्र तीर्थ मात्र होता तो कोई उल्लेखनीय बात ही नहीं थी। यह वर्तमान का एक प्राकृतिक, सांस्कृतिक और चीनी साम्यवाद और तिब्बत की

विडम्बना का राजनैतिक यथार्थ भी है। यह दुनिया के चार से अधिक धर्मों का ही प्रश्रय-स्थल नहीं बल्कि इसकी अलंघ्य प्राचीरें पर्यटकों, वैज्ञानिकों, नास्तिकों के लिये भी आकर्षण का केन्द्र हैं।

कैलाश-मनसरोवर क्षेत्र का भूगोल और इससे जुड़ी पौराणिक और मिथक कथाओं में साम्य खोजते हुए हम कहाँ से कहाँ चले आए हैं लेकिन जिज्ञासा है कि शांत ही नहीं होती है। इसका प्रत्यक्ष भूगोल और चार धर्मों की मान्यताओं के बीच इस पर्वत और मानसरोवर की महिमा का संबंध क्या है? इन मिथकों की अनगिनत परतें कैलाश-मानसरोवर से जुड़ी हैं कि उनका क्रम और भूगोल बार-बार उलझा जाता है।

## कैलाश और हिन्दू पौराणिक संदर्भ

हिन्दुओं के लिए कैलाश पर्वत, मेरु पर्वत की सांसारिक अभिव्यक्ति है। यह ब्रह्मांड का अध्यात्मिक केन्द्र है, जिसका वर्णन ऊँचे विलक्षण 'विश्व स्तंभ' के रूप में किया गया है। जिसके चारों ओर अन्य सभी परिक्रमा करते हैं, जिसकी जड़ें पाताल में हैं एवं जिसकी चोटी स्वर्ग का चुंबन कर रही है। हिन्दू पौराणिक ग्रंथों में सुमेरु पर्वत का उल्लेख बहुधा मिलता है। जिसे बाद में कैलाश का पर्याय कहा जाने लगा। मेरु या सुमेरु पर्वत की परिकल्पना में इसे देवताओं का घर कहा गया था।

कैलाश तो हिन्दुओं के वेदों और श्रुतियों की ऋग्वेदिक स्मृतियों तक में रहा है। अथर्ववेद में एक पवित्र अलंघ्य हिमाच्छादित पर्वत और सिंधु नदी का वर्णन था। हाँ पौराणिक वर्णनों में कैलाश-मानस क्षेत्र को हरा-भरा बताया है, वहाँ मंदार के विटप हैं, उसकी तलहटी में अलकापुरी बसती है। मानसरोवर में स्वर्ण-कमल खिलते हैं और राजहंस मोती चुगते हैं। पुराणों और श्रुतियों में वर्णित यथार्थ तो नहीं किंतु संभावनाओं पर सोचने को विवश करता ही है...कि हो सकता है तब भौगोलिक अवस्था अलग हो। इकोलॉजी तो ऐसे परिवर्तनों को लेकर एक संपूर्ण विषय ही है।

यह निश्चित है कि महाभारत-रामायण से बहुत पहले ही कैलाश के 'आस्थानुभूत' होने की प्रक्रिया शुरू हो गई होगी। 'वाल्मीकि रामायण' में मंदोदरी विलाप में मेरु पर्वत का उल्लेख आता है। आगे भी किष्किन्धा काण्ड

में सुग्रीव वानर-सेना को उत्तर दिशा की ओर जाने का संकेत देकर कहते हैं—'तत्तु शीघ्रमतिक्रम्य कान्तारं रोमहूर्गणम्-कैलाशं पांडुरं प्राप्य दृष्टा सूर्य भविष्यथ।'

अर्थात् 'उस भयानक वन को पार करने के पश्चात् श्वेत कैलाश पर्वत को देखकर तुम प्रसन्न हो जाओगे।' इससे बाद के श्लोकों में मानसरोवर, कैलाश में कुबेर के स्वर्ण-निवास, कुबेर और यक्षों का वर्णन है। ऐसे ही 'महाभारत', वनपर्व के अंतर्गत कैलाश का उल्लेख आता है। इसमें बद्रीनाथ को कैलाश के निकट बताया गया है—

'कैलाशः पर्वतो राजन् षड्योजनसमुच्छ्रितः यत्र देवा समायान्ति विशाला यत्र भारत।'

भीष्मपर्व में कैलाश का दूसरा नाम 'हेमकूट' भी कहा गया है तथा इसे यक्षों का निवास-स्थल कहा गया है। 'विष्णु-पुराण' में वर्णित सुमेरु पर्वत को या मेरु पर्वत को हम कैलाश इसलिए मान लेते हैं कि इसे आकाश और पृथ्वी के बीच की धुरी मानने की मान्यता हिन्दू-बौद्ध दोनों धर्मों में है। किंतु 'स्कंदपुराण' के मानस-खंड में, गुरु गोरखनाथ कृत सिद्ध-सिद्धांत पद्धत्ति में, 'महाभारत' में, तुलसीदास कृत 'मानस' में कैलाश और मेरु को अलग-अलग पर्वत बताया गया है। 'स्कंद-पुराण' में एकदम स्पष्ट वर्णन है कैलाश का कि कैलाश मानसरोवर के उत्तर में अवस्थित है।

हिन्दुओं की मान्यता में तो कैलाश शिव का घर तो है ही, जहाँ वे पत्नी पार्वती और पुत्रों कार्तिकेय और गणेश और अपने गणों के साथ अब भी रहते हैं। भगवत शरण उपाध्याय ने 'कालिदास का भारत' में प्राचीन संदर्भों में कैलाश को 'कुबेर शैल' तथा 'एक पिंगलगिरी' कहा है। वे रेखांकित करते हैं कि कालिदास के अनुसार कैलाश, मेरु, मंदर और सुमेरु पर्वत अलग-अलग हैं। राक्षसताल का नाम पुराणों में विदु-सरोवर वर्णित है।

'कुमारसंभव' हो कि 'मेघदूत' काव्य, जो भी सौभाग्य और साहस से कैलाश की श्वेत आभा को देख पाता है वही कालिदास की सुन्दर उपमाओं की सार्थकता समझ सकता है। महाकवि कालिदास ने पूर्वमेघ में अलकानगरी को कैलाश की गोद में अवस्थित सुंदरी प्रिया सा बताया है, और गंगा को

उसका फिसलता दुकूल। किंतु गंगा कैलाश से निकलती तो नहीं है, यह 1808 में कोलब्रुक ने अपनी खोज से उजागर कर दिया था। हाँ, यहाँ गंगा से अलकनंदा का अर्थ लगाएँ तो अलकनंदा अवश्य कैलाश के निकट से बहती हुई बद्रीनाथ जाती है और नीचे गंगोत्री से निकलती गंगधारा में मिल जाती है।

कैलाश क्षेत्र में अवस्थित मानसरोवर को तिब्बती भाषा में ट्सो-मफोम या ट्सो-मवांग (Tso-Mafom or Tso-Mavang) कहते हैं। हिन्दू पौराणिक कथा के अनुसार मानसरोवर की उत्पत्ति ब्रह्मा के मन से मानी गई है। ऐसा भी वर्णित है कि जल प्रलय के समय आदि पुरुष 'मनु' एक विशालकाय मत्स्य नौका में नाना प्रकार के जीवों को लेकर जिस स्थान में पुनर्वास के लिए शरण लिए थे, वह त्रिविषठप (तिब्बत) में स्थित 'मनोरवसर्पण', यही है जिसे कालांतर में मानसरोवर कहा जाने लगा। जल प्रलय की समाप्ति पर इस आदि मानव 'मनु' के परिवार के कुछ लोग ह्वांग-हो नदी के मार्ग से चीन में जा बसे, कुछ कश्यप मीर घाटी (अब कश्मीर) की ओर चले गए कुछ काबुल से होते हुए दजला-फरात को पार कर नील नदी की घाटी मे जा बसे।

यह भी मान्यता है कि इसी मानसरोवर में कैलाश पर्वत पर शेषनाग की विशाल काया को रस्सी बना समुद्र मंथन किया गया था। मंथन में जब अमृत निकला तब उसके वितरण मे देवता और दानवों में छीना-झपटी होने लगी जिसके फलस्वरूप अमृत की कुछ बूंदें इस सरोवर में जा गिरीं जिससे इसका सारा जल अमृतमय हो गया। दूसरा सरोवर जो मानसरोवर से कुछ दूर पर है, राक्षस-ताल यानि रावण-ह्रद। कई पौराणिक कथाओं में रावण द्वारा राक्षस-ताल पर घोर तपस्या का वर्णन बहुधा मिलता है। 'स्कंद पुराण' के मानसखंड में राकस-ताल (रावण ह्रद) कहा गया है।

## कैलाश और अन्य धार्मिक मान्यताएँ

हिमालय पर्वतमाला के समुद्र की सतह से 6718 मीटर ऊँचे कैलाश पर्वत को लगभग सभी धर्मों के अनुयायी पवित्र पर्वत मानते हैं। निसंदेह पश्चिमी तिब्बत का यह क्षेत्र समस्त एशियाई धर्मों का आस्था-स्थल रहा है। हिन्दुओं के अतिरिक्त न केवल बॉन-बौद्ध बल्कि जैन और ईसाई धर्म-गुरुओं ने भी

यहाँ इन रहस्यों में अस्तित्व के सवाल खोजे हैं, धर्म के विराट-स्वरूप से साक्षात्कार करने का प्रयास किया है।

यह तो निश्चित है कि देवता मनुष्य ने बनाए हैं। जहाँ प्रकृति की चुनौतियाँ भी हों और मनुष्य का भी अस्तित्व, वहाँ देवता मिलते हैं। धर्म तो बहुत बाद की चीज़ हैं। धरती पर मौजूद आदि-मनुष्य के चिह्न (स्टोन हेंज-ब्रिटेन जैसे) भी यह कहते हैं कि प्रकृति के प्रति नतमस्त्क हो उसमें 'अलौकिकता' और 'चमत्कार' खोजना उसने बहुत आरंभ में ही शुरू कर दिया होगा। धार्मिक समुदायों के मिथकों ने तो बहुत बाद में जन्म लिया होगा। उनमें प्रमुख रहे होंगे बोन, हिन्दू, बौद्ध, जैन धर्म।

बॉनपो अपने आरंभिक धर्मावलंबी रहने का दावा करते हैं कि इन्होंने ही इस भू-भाग को अपनी आस्था का केन्द्र बनाया, इसके आगे नतमस्तक हुए। कहते हैं सातवीं सदी तक बोनपो समुदाय ही कैलाश-क्षेत्र में अपनी धार्मिक गतिविधियों को केन्द्र बनाये हुए था।

सच पूछो तो मनुष्यों और देवताओं के पहुँचने के पहले की बात करें तो सबसे पहले इस क्षेत्र के अधिकारी इस असहनीय जलवायु और दुर्गम स्थान में जन्म लेने वाले जीव-जंतु और वनस्पति रहे हैं। याक, कियांग (तिब्बती घोड़ा), कस्तूरी मृग, मॉरमॉट, भरल, भेड़ें, काली गरदन वाले सारस, ब्राह्मिनी डक (रूडी शैल्डन डक), भूरे मुख वाली गल्स, लाल चोंच वाले कव्वे, अनेक प्रकार के सरीसृप, मछलियाँ आदि। उसके बाद घुमक्कड़ पशुपालक और शिकारी समूह। उसके बाद प्राकृतिक शक्तियों को पूजने वाले बॉनपा!

तिब्बत का सबसे प्राचीन और प्रकृति को पूजने और उसके प्रकोप से बचने के लिए टोने-टोटके, तंत्र-मंत्र करने वाला धर्म था बॉनपा, बॉनपा लोग ही हैं जो कैलाश को 'तिसे' कहते हैं और किसी देवी का घर मानते हैं। वे डाकिनियों में भी विश्वास रखते हैं। बॉनपा के संस्थापक शेनरब के बारे में कहते हैं कि वे कैलाश पर बनी सीढ़ीनुमा आकृति से होकर स्वर्ग गये थे। तिब्बतियों की मान्यता है कि वहाँ के एक संत कवि ने वर्षों गुफा में रहकर तपस्या की थी। तिब्बती बॉनपाओं के अनुसार, कैलाश में जो नौमंज़िला स्वस्तिक देखते हैं वह डेमचौक और दोरजे फांगमो का निवास है। आरंभ

में बौद्ध और बॉनपा धर्म के बीच खूनी संघर्ष हुआ जैसे अपने भारत में भी धार्मिक खूनी युद्ध हुए थे। इस संघर्ष को विराम देने के लिए तत्कालीन राजा ने 755-780 ई. में भारत से महान बौद्ध दार्शनिक पद्मसंभव को आमंत्रित किया तब दोनों धर्म घुल-मिल कर एक हो गये। आज भी तिब्बती बौद्ध धर्म में तांत्रिक क्रियाओं और डाकिनी-पिशाचिनियों की मान्यता है। वह बॉनपा की बौद्ध-धर्म को देन है। संत कवि मिलारेपा पहले बॉनपा के ही अनुयायी थे जो बाद में बौद्ध धर्म के तत्कालीन रूप में दीक्षित होने भारत से बौद्ध-दर्शन सीख कर आए गुरु के पास गये थे।

प्राचीन 'कांग्री कचरक' (तिब्बती कैलाश पुराण) ही है जिसने सर्वप्रथम माना कि कैलाश ब्रह्माण्ड की धुरी की तरह धरती से आकाश की ओर अवस्थित है। वे इसे कांगरिनपोचे या गांगरिनपोचे कहते हैं। कांग/गांग का अर्थ है बर्फ़ से ढका पर्वत रिनपोचे यानी बहुमूल्य।

जब कांग शब्द को गांग की तरह उच्चारित किया जाता है, ल्हाछू नदी को गंगा-छू कहा जाता है मुझे लगता है 'गंगा' शब्द हमने यहीं से लिया होगा आखिर हम भारतीय न जाने कितनी मिली-जुली संस्कृतियों की उपज हैं। बर्फ़ से निकली एक नदी—गंगा !

कैलाश और मानसरोवर की युगों से उपस्थिति का प्रमाण बौद्ध और जैन ग्रंथों में भी मिलता है। बौद्ध धर्म भारत ही से आस्था के अभिप्रायों, प्रतीकों को लेकर तिब्बत गया होगा, जो उनके स्थापत्य व मूर्तिकला में प्रतिबिम्बित होता रहा। यही वजह है कि हिन्दू धर्म के कई देवी-देवताओं ने तिब्बती बौद्ध प्रतीकों में स्थान पाया। अनेक भारतीय गुरु तिब्बत गये उनमें से गुरु पद्मसंभव थे। तिब्बती बौद्ध धर्म में बुद्ध के बाद उन का ही स्थान है। बौद्ध भी मानते थे कि कैलाश की तलहटी में 'कल्पवृक्ष' है। 'बुद्धचरित' में बौद्ध स्तूपों की भव्यता की तुलना कैलाश के हिमाच्छादित शिखरों से की गई है, इसे बौद्ध भगवान बुद्ध तथा मणिपद्म का निवास मानते हैं। बौद्ध आस्थावानों के लिए कैलाश ध्यानी लामाओं और बोधिसत्वों का एक मंडल-समूह है। कैलाश पर स्थित बुद्ध भगवान का अलौकिक रूप 'डेमचौक' बौद्ध धर्मावलंबियों के लिए पूजनीय है। तिब्बती बौद्धों का मानना है कि परम आनन्द के प्रतीक बुद्ध डेमचोक (धर्मपाल) कैलाश पर्वत के अधिष्ठाता देव हैं।

उनका विश्वास है कि इस स्थान पर आकर उन्हें निर्वाण की प्राप्ति होती है। यह भी कहा जाता है कि भगवान बुद्ध की माता ने यहाँ की यात्रा की थी। स्वामी प्रणवानंद ही बताते हैं अपनी पुस्तक में कि जब उन्होंने 1940 में पश्चिमी तिब्बत की यात्रा की तो तब भी बौद्ध-धर्म अपनी कई शाखाओं-प्रशाखाओं में प्रचलन में था। बौद्ध कैलाश में देवत्व खोज चुके थे। बौद्ध जन कैलाश परिक्रमा करते हुए मणिमंत्र का जाप करते हैं, 'ॐ मणिपद्मे हुँ।'

मानसरोवर संसार की पवित्रतम तथा वृहदतम आकर्षक झील है, जिसका वर्णन प्राचीनतम ज्ञात सभ्यताओं द्वारा वर्णित है। यह जिनेवा स्थित प्रसिद्ध झील से भी शताब्दियों पुरानी व ख्याति प्राप्त है। यह प्रागैतिहासिक काल से ही पवित्र मानी गयी है और 4000 वर्ष पश्चात भी इसकी पवित्रता यथावत है। बौद्ध धर्म में भी मानसरोवर पवित्र माना गया है। कहा जाता है कि रानी माया को भगवान बुद्ध से साक्षात्कार यहीं हुआ था। जैन धर्म तथा तिब्बत के स्थानीय बॉनपा लोग भी इसे पवित्र मानते हैं। मानसरोवर तट पर कई बौद्ध मठ भी हैं।

जैन परंपरा में जैनों के प्रथम तीर्थंकर आदिनाथ, ऋषभदेव जी ने कैलाश पर्वत दारचेन के पास निर्वाण प्राप्त किया था और वह स्थान 'अष्ट्पद' कहलाता है तथा यहाँ से कैलाश के अति सुंदर स्वरूप के दर्शन होते हैं। जैनियों की मान्यता है कि ऋषभदेव ने आठ पग में कैलाश की यात्रा की थी।

सिखों के लिए भी यह पवित्र स्थान है। कुछ लोगों का मानना यह भी है कि गुरु नानक ने भी यहाँ कुछ दिन रुककर ध्यान किया था। उनकी बौद्ध सिद्धों से बातचीत हुई थी। किंतु उनको बद्रीनाथ के पास हेमकुण्ड-साहिब रास आया और वहाँ उन्होंने कुछ दिन निवास किया।

ईसाई धर्म अपने प्रचार तंत्र के लिये बहुत (अ)-लोकप्रिय है। नि:संदेह वे यहाँ भी आए थे। औपनिवैशिक साम्राज्यवाद की शुरुआत में ही ईस्ट इंडिया कंपनी जैसुईट पादरियों को लाती है। 1802 में ट्रिग्नोमैट्रिकल सर्वे की स्थापना के साथ अनेक सर्वे और खोजी अभियान आरंभ होते हैं। पादरी अंतोनियो आंद्रे अपने खोए और चोरी से हिमालय के दुर्गम क्षेत्र में चले गये ईसाई साथियों

की तलाश करने को तिब्बत में प्रवेश करते हैं। और 1625 के आस-पास वे पहली चर्च की नींव डालते हैं। मगर बॉन धार्मिकों के खूनी विद्रोह का सामना करते हैं और मुँह की खाकर लौट आते हैं।

कैलाश की महिमा ऐसी रही कि कई काल-खंडों में इनका मूर्तिरूप मिलता है, इसका मैंने पहले भी उल्लेख किया है कि मैंने मथुरा म्यूज़ियम में सर्वप्रथम दशकन्धर रावण की कैलाश उठाए मूर्ति को देखा, जिसमें शिव-पार्वती विराजमान हैं। विशाल चट्टान काट कर बनाया गया अजंता का कैलाशनाथ मंदिर अनूठा उदाहरण है। धारवाड़ के विरूपाक्ष मंदिर में भी बीस भुजाओं वाले रावण की कैलाश को उठाए मूर्ति की लोकप्रियता खूब है। महाबलीपुरम में एक पैर पर खड़े अर्जुन की मूर्ति है जिसमें वह कैलाश समक्ष कैलाशपति शिव की तपस्या में लीन है। हाल ही में मैंने काशी वि.वि. के संग्रहालय में रावण की कैलाश उठाए मूर्ति देखी मगर उसमें रावण भार से दोहरा है, क्योंकि शिव रावण का पार्वती के प्रति आकर्षण जान उसे कैलाश उठाने नहीं देना चाहते और पैर के अंगूठे से हल्का दबा मात्र देते हैं। इसमें रावण की मुखमुद्रा देखने योग्य है। ऐसे भावों की रावण और कैलाश की मूर्तियाँ पूरे भारत भर में बिखरी पड़ी हैं।

पहाड़ी चित्रकला, तिब्बती चित्रों और थंकाओं[1] में कैलाश-मानस बहुत पहले से चित्रित रहे हैं। तिब्बती थंकाओं में जब कैलाश चित्रित होते हैं तो मानसरोवर और राकस (राक्षस) ताल, सूरज तथा चाँद की तरह चित्रित होते हैं।

कैलाश की भीषण दुर्गमता देख कर अपनी-अपनी मन्यताओं के तहत लोगों ने अपने आस-पास के बर्फ़ीले पहाड़ों पर अपने-अपने कैलाश खोज लिये। कौन जाने मूल कैलाश तक पहुँचने में कठनाई जान आस्थावानों ने अपने पर्वतों में अपने कैलाश खोज लिये या जाने उन दिनों हर बर्फ़ीले पहाड़ का नाम कैलाश (हिम का बड़ा सा क्रिस्टल) होता था, जैसे कि हर न्यायप्रिय, जनप्रिय राजा विक्रमादित्य!! इस तरह कैलाश के अनेक प्रतिरूप भी मान्य हुए—उत्तराखंड में आदिकैलाश (पिथौरागढ़), उत्तर काशी में श्री कैलाश, हिमाचल के चंबा क्षेत्र में मणि महेश कैलाश, किन्नौर में किन्नर कैलाश।

---

1. थंका एक प्रकार की बौद्ध चित्रकला है जो सूती या रेशमी कपड़े पर बनाई जाती है।

## कैलाश का भौगोलिक अतीत और वर्तमान

क्या सच में कैलाश धरती का केन्द्र है? क्या सच में वैज्ञानिक मानते हैं कि धरती के एक ओर उत्तरी ध्रुव है, तो दूसरी ओर दक्षिणी ध्रुव। दोनों के बीचोबीच स्थित है हिमालय। हिमालय का केन्द्र है कैलाश पर्वत और मानसरोवर।

योगी रमणनाथ अपनी पुस्तक 'शिव के सान्निध्य में' में लिखते हैं—"इस तथ्य को प्रमाणित तो भूगोलवेत्ता ही कर पाएँगे; मगर इसका रहस्य जानने हेतु मैंने भूगोल के एक व्याख्याता को ग्लोब के साथ बुलाया। ग्लोब को देखने पर ज्ञात हुआ कि एशिया, यूरोप तथा अफ्रीका तीनों का धरातल एक साथ जुड़ा है, यदि कैलाश को केन्द्र बिंदु बना कर वृत्त बनाया जाए तो यह विशाल भू-भाग इसमें आ जाता है।"

अब यह तो बहुत बड़े अनुसंधान का विषय है। कहने को कैलाश पर्वत-मालाएँ जो कैलाश के आस-पास कमल-दल बनाती हैं कश्मीर से भूटान तक फैली हैं। इस पर्वत-माला के बीच बर्फ़ से ढके 22,028 फीट उत्तर में अवस्थित शिखर को हम कैलाश के रूप में मान्यता देते हैं। यह हिमालय पर्वतीय प्रणाली का एक पिरामिडनुमा पर्वत मात्र है जो चीन के तिब्बत के दक्षिण-पश्चिमी हिस्से में स्थित है और तिब्बत में 'गंग तिसे' नाम से भी जाना जाता है। इसके पश्चिमी क्षेत्र में ल्हाछू नदी और पूर्व में ब्रह्मपुत्र के आरम्भिक जलस्रोत मिलते हैं। इस अवसादी क्षेत्र के मध्य में मानसरोवर (त्सो-मापाम) झील है, जो समुद्र तल से 4,557 मीटर की ऊँचाई पर स्थित होने के कारण दुनिया की सबसे ऊँची मीठे पानी की झील के रूप में विख्यात है।

हाईम और गंसर की 'सेंट्रल हिमालय' नामक किताब में लिखा है कि हिमालय की पथरीली रचना और उसकी कार्बन डेटिंग से आयु का निर्धारण करते हैं। इससे ज्ञात होता है कि कैलाश और हिमालय का जन्म 'मध्य जंतुक युग' के अंत में और तार्तियक युग टर्शियरी के आरंभ में किसी काल में हुआ। इसे वासुदेव शरण अग्रवाल अपनी भूमिका में स्पष्ट करते हैं।

भू-गर्भ विशेषज्ञों के अनुसार भू-रचना के मुख्य युग इस तरह विभाजित होते हैं—

1. प्रत्यग्रजंतुक—कैज़ॉयक—4 करोड़ वर्ष-स्तनपायी जंतु

2. मध्यजंतुक—मेसॉजॉईक—14 करोड़ वर्ष-सरीसृप
3. अपर पुराजंतुक—लेटर पोलिओज़ोइक—26 करोड़ वर्ष-मीन-मछली
4. पूर्व पुराजंतुक—अर्ली पोलिओज़ोइक—36 करोड़ वर्ष-मेरुहीन जीव
5. प्रारंभ जंतुक—प्रोटोरोज़ोइक—60 करोड़ वर्ष-शैवाल-कवक
6. अजंतुक—एज़ॉइक-80 करोड़ वर्ष—कोई जीव नहीं

तार्तियक युग टर्शियरी में भूगोल को बड़ी चकनाचूर करने वाली घटनाएँ घटीं। बड़े-बड़े भूभाग पलट गये, पर्वतों की जगह समुद्र और समुद्रों की जगह पर्वत प्रकट हो गये। बंगाल की खाड़ी और अरब सागर की धरती डूब गयी और उसका संतुलन पूरा करने के लिए मध्य हिमवान का उत्तुंग भाग समुद्र तल से ऊपर फेंक दिया गया। उस युग में समस्त पृथ्वी पर हड़कंप मचा था जिसका उल्लेख वैदिक शब्दों में यूँ मिलता है—

*य पृथिवी व्यथमानामाद्दृहद*
*य पर्वतान प्रकुपिता अरम्णात*

(ऋग्वेद)

अर्थववेद के पृथ्वी सूक्त में लिखा है—

*यार्ण्वेधि सलिलमग्न आसीद*

(अथर्ववेद )

यह भूमि पहले अर्णव जल के नीचे छिपी थी।

कैलाश की भौगोलिक परिस्थिति जानने के लिये हमें हिमालय के बनने की भौगोलिक घटना को समझना होगा। आज से 18 करोड़ वर्ष पहले भारतीय पैनिनसुला था ही नहीं। यूरेशिया और गोंडवाना महाद्वीप के बीच विशाल टैथिस सागर फैला था।

हिमालय और कैलाश आज जिस भू-खंड पर विराजते हैं वही हिमालय के जन्म से पहले टैथिस सागर था। 13 करोड़ साल पहले गोंडवाना का उत्तरी हिस्सा टूटा और अपनी गति से प्रतिवर्ष सरकता रहा 7 करोड़ साल पहले यूरेशिया से टकराया। इन दोनों टैक्टोनिक प्लेट्स (tectonic plates) के टकराने से समुद्र का एक विशाल तल उठा, जिसमें ग्रेनाईट के विशाल भंडार और

बेसाल्ट भरे तल भी थे। यह तिब्बत का पठार बना। और अधिक दबाव के चलते आने वाले समय में अवसादी चट्टानों के बहुत से उभार, परतें, गड्ढे तल से ऊपर उठने लगे, भूगर्भीय टकराहटों और भीषण ऊर्जा से 6 करोड़ साल पहले समूचा हिमालय समुद्र से उठकर पृथ्वी के वक्ष पर स्थापित हो गया। जो कभी टैथिस सागर का हिस्सा था।

एक रोचक तथ्य सुप्रसिद्ध भू-वैज्ञानिक ऑगस्ट गनसर देते हैं कि 22 हज़ार फीट ऊँचा कैलाश उस क्षेत्र में हिमालय बनने से पहले भी विशाल ग्रेनाईट और कांग्लोमोरेट चट्टानों के समूह के रूप में मौजूद था, कैलाश के दक्षिणी हिस्से में ऑफियोलाईट चट्टानें इस बात का सबूत हैं कि वे टैथिस के तल की उर्ध्वाधार चट्टानें हैं।

वे स्वयं तर्क करते हैं कि कैलाश हिमालय को बनते हुए, उठते हुए और टैथिस सागर को गुम होते हुए देख भी रहा था और स्वयं भी निर्मित हो रहा था!

कैलाश पर्वत खंड उस क्षेत्र के किसी पुराने पहाड़ का अंश है जो लाल बलुआ पत्थर, और हिमालय से 2 से 1 करोड़ साल पुराने कांग्लोमोरेट से बना है, जो सिंधु-सांग्पो नदियों के पहले बहने वाली नदी के प्रवाह क्षेत्र में पड़ता रहा होगा। कांग्लोमोरेट की परतें कैलाश के ग्रेनाइट के ऊपर बनी हैं। इसीलिये हिमालय परतदार चट्टानों का बना है और कैलाश मॉनोलिथिक है। कैलाश काला है और आस-पास के पर्वत लाल-गहरे भूरे बलुआ पत्थरों के। स्वयं नंदी पर्वत गहरे लाल बलुआ चट्टानों का बना है। तभी तो आज हम गंगाछू के दाईं ओर के गोम्पा से देखें तो लगता है कि हम एक पर्वतों से घिरी धरा पर बीचोबीच खड़े हैं। उत्तर की ओर काले कमलदल आकार के पर्वतों के बीच दमकता कैलाश दिखता है, दक्षिण की ओर गुरला-मन्धाता के शिखर मनभावन दिखते हैं। गुरला के पीछे हिमालय झांकते हैं।

अगर मिथकों और पुराणों से अलग होकर कैलाश-खंड की भौगोलिकता पर अपने आपको एकाग्र करें तो मानस और राक्षस ताल कभी एक ही सरोवर का हिस्सा रहे होंगे। भूगर्भीय हलचलों से इनके बीच का भूभाग ऊपर उठा और ये दो में बंट गये। इनको गंगा छू नामक चैनल जोड़ता है। राक्षस ताल मनसरोवर से पचास फीट नीचे स्थित है सो राक्षस ताल से पानी मनसरोवर में

नहीं आता है। एक हैरान करने वाला तथ्य यह भी है कि मृत पानी के तालाब राक्षस-ताल में जल कैलाश शिखरों से आता है। मानसरोवर में बिलकुल नहीं, मानसरोवर को तो गुरला पर्वत के ग्लेशियर सिक्त रखते हैं। हिन्दू महाकाव्य और पुराण कैलाश से इतर अलग-अलग उद्गमों वाली गंगा, जमुना, सरस्वती को तो मान्यता देते हैं। किंतु कैलाश से निकलने वाली सिंधु, सतलुज, ब्रह्मपुत्र, करनाली का नाम भी नहीं लेते, क्यों? कैलाश-क्षेत्र में इन नदियों के उद्गमों की खोज का श्रेय 'स्वेट हेडन' नाम के वैज्ञानिक को जाता है। जिसकी अपने ढंग से पुष्टि और विस्तृत खोज 'स्वामी प्रणवानंद' नामक एक अध्ययनशील परिव्राजक ने की थी।

'गंगा-तिसे' जो कैलाश का दूसरा तिब्बती नाम है उसका अर्थ ही नदियों का शिखर है। तिब्बती परंपरा में तो मान्यता ही है कि कैलाश के पूर्व अश्वमुख से ब्रह्मपुत्र, पश्चिम हस्तिमुख से सतलुज, दक्षिण मयूरमुख से करनाली और उत्तर दिशा के सिंह मुख से सिंधु निकलती है। ये चारों बड़ी नदियाँ एशिया के एक बड़े हिस्से का पोषण करती हैं।

## वर्तमान में कैलाश और रहस्यवाद

कुछ लोग कैलाश के रहस्यों से आज भी चकित और प्रभावित रहते हैं। नासा के वैज्ञानिक भी कैलाश क्षेत्र में अध्ययन में रुचि दिखाते हैं।

1999 में रूस के एक आँख के डॉक्टर को कैलाश में रुचि जागी। उसका नाम था एर्नस्ट मुल्दाशिफ़। उसने यह तय किया कि वह कैलाश पर्वतमाला के गुप्त रहस्यों पर काम करेंगे। उन्होंने अपने भूगर्भ-वैज्ञानिक, भौतिक शास्त्री, इतिहासकार मित्रों का दल साथ लिया। यह दल कैलाश-मानसरोवर के इलाके में कई महीने रहा। तिब्बती लामाओं, स्थानीय लोगों से संपर्क किया। अंत में एर्नस्ट मुल्दाशिफ़ की टीम इस निष्कर्ष पर पहुँची कि वास्तव में कैलाश पर्वत एक अत्यंत प्राचीन विशाल मानव निर्मित पिरामिड है। मुल्दाशिफ़ ने अपने अनुभवों पर एक किताब लिखी, जिसका शीर्षक था 'वेयर डू वी कम फ्रॉम' इसमें उन्होंने अपने अनुभव दर्ज किए हैं। उन्होंने यह स्थापना रखी कि कैलाश पिरामिड भीतर से कई छोटे-छोटे पिरामिडों से बना हुआ है और यह पारलौकिक गतिविधियों का केन्द्र है। उनकी इस खोज पर किसी ने यकीन

नहीं किया। डायरी में मुल्दाशिफ़ ने लिखा, ''रात के सन्नाटे में कैलाश के पहाड़ के भीतर से एक अजीब तरह की फुसफुसाहटों की आवाज़ सुनाई देती थी। एक रात अपने दोनों साथियों के साथ मैंने पत्थरों के बिखरने की आवाज़ सुनी थी। यह आवाज़ कैलाश पर्वत के अंदरूनी हिस्से से साफ़-साफ़ सुनाई दे रही थी। उस पल हमें ऐसा लग रहा था कि मानो इस पिरामिड के अन्दर कुछ मनुष्य हैं।''

इसी डायरी-लेख में उन्होंने आगे लिखा, ''शम्बाला एक आध्यात्मिक रहस्यमय स्थान है, जो कैलाश पर्वत के उत्तर-पश्चिम में स्थित है। यह तिब्बती ग्रथों में लिखा भी हुआ है। वैज्ञानिक दृष्टिकोण से इस विषय पर बहस कर नहीं सकूँगा लेकिन मैं पूरे दावे से यह कह सकता हूँ कि कैलाश पर्वत का इलाका सीधे-सीधे पृथ्वी के जीवन से जुड़ा हुआ है।''

वर्तमान आध्यात्मिक गुरु सद्‌गुरु भी हर वर्ष ईशा फ़ाउंडेशन की ओर से कैलाश-यात्रा संचालित करते हैं, स्वयं भी लगभग हर वर्ष वहाँ जाते हैं। वे अपने एक आध्यात्मिक लेख में दिलचस्प बातें लिखते हैं—

''कैलाश पर्वत एक ज़बर्दस्त आध्यात्मिक पुस्तकालय है। बौद्ध लोग कैलाश को धरती के अस्तित्व की धुरी मानते हैं। स्वयं शिव से शुरू करके, बहुत से महान योगियों ने कैलाश में अपना ज्ञान संरक्षित करने का फ़ैसला किया। ऋषभदेव, बोन धर्म के संतों, दो महानतम बौद्ध गुरुओं, अगस्त्यमुनि, नयनमार-सभी ने कैलाश पर्वत को चुना।

हिन्दू दर्शन में कैलाश को शिव का निवास कहा जाता है मगर योगिक संस्कृति में हम शिव को ईश्वर की तरह नहीं देखते। हम उन्हें प्रथम योगी या आदियोगी मानते हैं। साथ ही वह आदिगुरु या प्रथम गुरु भी थे। उन्होंने सबसे पहले अपने प्रथम सात शिष्यों, जिन्हें बाद में सप्तऋषि कहा गया, को योगिक विज्ञान का ज्ञान सौंपा। शिव वे महानतम रहस्यवादी या आध्यात्मिक गुरु हैं, जिन्हें हम जानते हैं। 'शिव का निवास' कहने का मतलब यह नहीं है कि चट्टानों में खोदने या बादलों में ढूंढने पर वह आपको मिल सकते हैं। इसका मतलब यह है कि वह योगी और गुरु जो कुछ जानते थे, वह कैलाश पर्वत में एक खास ऊर्जा रूप में सुरक्षित रखवा देते थे।

कैलाश ऐसी ही जगह है। यह पूरी तरह अगम्य नहीं है, मगर वहाँ जाना बहुत कठिन है, जिसके कारण बहुत से लोग वहाँ नहीं जा पाते। इसलिये वह अधिक रहस्यमय लगता है। कैलाश मानसरोवर क्षेत्र तो है ही ऐसा कि कवि या चित्रकार, भौतिकविद, रसायनज्ञ, जीव या वनस्पति विज्ञानी, भूगर्भ या मौसम विज्ञानी, इतिहासकार या भूगोलविद, खिलाड़ी या शिकारी, स्केटर या नाविक या संन्यासी, सबका ध्यान बराबर आकर्षित कर ले...कैलाश एक और उसके आयाम अनंत हैं। वैज्ञानिक कहते हैं कैलाश को अभी न जाने कितने वैज्ञानिक और भौगोलिक अनुसंधानों की आवश्यकता है। मेरा मन कहता है मनुष्य को बस कैलाश की एकाकी विराट रहस्यात्मकता में अलंघ्य छोड़ कर दूर से परिक्रमा के अलावा किसी छेड़छाड़ की आवश्यकता नहीं है।

## संदर्भ सूची


1. *कैलाश मानसरोवर,* स्वामी प्रणवानंद, हिन्दी साहित्य सम्मेलन, प्रयाग
2. *मेरी कैलाश यात्रा,* स्वामी सत्य देव परिव्राजक, सत्यज्ञान निकेतन, ज्वालापुर उत्तर प्रदेश
3. *मानसरोवर और कैलाश,* सुशील चंद्र भट्टाचार्य, नागरी प्रचारिणी सभा, काशी
4. *शिव से शिवांश तक,* ओमप्रकाश श्रीवास्तव, मंजुल प्रकाशन
5. *तिब्बत इस संसार से परे,* लॉवेल थॉमस, *Out Of This World To Forbidden Tibet* का हिन्दी अनुवाद रामदत्त पंत, सामयिक प्रकाशन
6. *A Mountain In Tibet*, Charles Allen, Abacus Publication
7. *शिव के सान्निध्य में,* योगी रमण नाथ, प्रकाशक, योगी भावनाथ
8. *महातीर्थ के कैलाशबाबा,* बिमल डे, राजकमल प्रकाशन

## महातीर्थ कैलाश की ओर

*गत्वा चोधर्वं दशमुखजोच्छ्वासितप्रस्थसन्धे*
*कैलाशस्य त्रिदशवनितादर्पण्स्यातिथिःस्याः*
*शृंगोच्छ्रायैः कुमुद्विशदैर्यो वितत्य स्थितः खं*
*राशीभूतः प्रतिदिनमिव त्र्यम्बकस्याट्टहासः*

*फिर ज़रा उठ कर कैलाश के अतिथि होना*
*चटक उठी थीं जिसके शिखरों की संधियाँ*
*दसकंधर रावण की बीस बाँहों में कसकर*
*दर्पण का काम लेती हैं देवबालाएँ जिससे ऐसा वह कैलाश!*
*कर्पूगौंर करुणापति भगवान शंकर के*
*दिन-दिन पूंजीभूत सित-उज्ज्वल अट्टहास तुल्य*
*फैल रहा है नीले आसमान में -*
*कुमुदाभ अमल-धवल चोटियों की ऊँचाइयाँ लेकर*

(59 श्लोक, पूर्वमेघ, मेघदूत : नागार्जुन कृत अनुवाद)

हमारे बचपन यानी सत्तर के दशक में भारतीय हिन्दू परिवारों में बचपन से कैलाश-मानसरोवर महिमा पर यूँ चर्चाएँ होती हैं, मानो वह पृथ्वी पर उतरा स्वर्ग हो और वहाँ केवल साधु और पवित्र आत्माएँ ही जाती हैं। तब शायद प्रतिबंधित भी थी कैलाश यात्राएँ, तो और दुर्लभ रहा होगा वहाँ जाना। हर घर में महादेव का ऐसा कैलेंडर ज़रूर होता था जिसमें श्वेत दुग्ध धवल कैलाश पीछे से झांकते हुए दिखाए जाते। ग्रीष्म की रातों में हम बाल-गोपालों

को सुलाते हुए माँ जिस क्षीर-सागर की बात करतीं वह मानसरोवर ही होता था। विष्णु-लक्ष्मी का घर मानसरोवर में और कैलाश गौरा-महादेव का, विष्णु की नाभि से निकले कमल ब्रह्मा और मानसरोवर में ही किसी श्वेत कमल पर वीणा बजाती सरस्वती। यानी कैलाश-क्षेत्र ही स्वर्ग और धरती के बीच कॉमन अहाता था जहाँ देवी-देवता विचरण करते। जब कोई समस्या आती स्वर्ग के अन्य देवी-देवता, इन्द्र सहित अपने-अपने वाहनों को हिमालय में कहीं खड़ा करते और पहुँच जाते कैलाश महादेव के दरबार में गुहार लगाने को, तब महादेव अपनी प्रिया के अंक से उठकर समस्याओं का समाधान करते। बड़ी समस्या यानी किसी राक्षस का अत्याचार, इन्द्र का आसन डोलने पर, किसी भीषण तपस्यारत ऋषि की नाजायज़ मांग होने पर स्वयं निकल पड़ते, युद्ध करना होता युद्ध करते, कोई चमत्कारिक युक्ति निकालनी होती तो वैसा करते, वेश बदलते...आदि-आदि।

थोड़ा बड़े होकर जाना कि कैलाश-मानसरोवर ऐसा दुष्कर एक्सपीडिशन है जिस पर जाया जा सकता है, वह तीर्थ-यात्रा कुछ ही लोग करते हैं। टीवी आ गया तो कैलाश क्षेत्र को काले-सफ़ेद टीवी पर देखा। आलेख पढ़े। फिर नागार्जुन के अनुवाद में 'मेघदूत' पढ़ा 'हाथी दाँत सा ताज़ा तराशा गोरा कैलाश', 'देव बालाओं के दर्पण सा', 'रावण की बीस भुजाओं में कसा कैलाश'। 'मेघदूत' ने कैलाश-परिसर को जानने हेतु मेरी उत्कंठा इतनी बढ़ा दी थी कि कैलाश-मानसरोवर की यात्रा पर संस्मरण पढ़ने को मिलते तो अवश्य पढ़ती थी।

कहने का अर्थ यह कि मेरे अवचेतन में कैलाश यात्रा की उत्सुकता के बीज पड़ चुके थे और समय आने पर पल्लवित होने ही थे।

जब मैं विवाह होकर मथुरा गई तब पहली बार मैंने मथुरा के संग्रहालय में कैलाश को उठाए रावण की मूर्ति को बहुत गौर से देखा। दक्षिण यात्राओं में अन्नामलाई के थिरुवन्नामलाई मंदिर में भी मैंने दशकंधर रावण द्वारा उठाए कैलाश की मूर्ति को देखा है, कैलाश जिस पर शिव पार्वती संग विराजे हैं और सर्प वहाँ विचरण कर रहे हैं। अजंता में तो समूचा कैलाश-मंदिर है। बाद में तो बहुत से संग्रहालयों में यह मूर्ति-समुच्च्य दिखा।

मेरी जिज्ञासा का समाधान भगवतशरण उपाध्याय अपनी पुस्तक 'कालिदास का भारत' में करते हैं—''कालिदास द्वारा वर्णित शिव के निवास

कैलाश को उठाए रावण का दृश्य कुषाण काल के मूर्ति कलाविदों को बहुत प्रिय था।''

जुलाई में मेरी गंगोत्री और कनखल की यात्रा पूरी हो चुकी थी। अब मेरा अंतिम लक्ष्य कैलाश पर्वत था मेरा बहुत मन था भारतीय विदेश विभाग द्वारा कैलाश मानसरोवर की यात्रा करूँ किंतु वह इतनी लंबी यात्रा थी जिसमें 50 दिन का समय लगने वाला था और अंशु कैलाश यात्रा में मेरे सहयात्री होना चाहते थे। 50 दिन की छुट्टियाँ उन्हें मिलना लगभग नामुमकिन था इसलिए हमने गुजराती बंधु शैलेश देसाई की एजेंसी 'निधि ट्रैवल्स' का सहारा लिया। यह ट्रैवल एजेंसी महज़ 15 दिनों का 'कैलाश-मनसरोवर' का पैकेज टूर करवाती है। अंधा क्या चाहे दो आँखें! यात्रा-व्यय भी अन्य यात्रा-एजेंसियों, धार्मिक संस्थाओं से काफ़ी कम था। यहाँ तक कि ईशा फ़ाउंडेशन वालों से भी मैंने संपर्क किया था, मगर शैलेश भाई की भेजी आइटनरी कहीं सस्ती और आकर्षक थी। काठमांडू में पाँच सितारा होटल में टिका कर वे काठमांडू भी घुमाने वाले थे। आगे भी जहाँ तक संभव था उनके होटल्स की व्यवस्था अच्छी ही थी।

हमारी यात्रा की कर्ता-धर्ता थीं शैलेश जी की रिश्ते की बहन और मेरी हमउम्र शीला जी। एक जोशीली महिला, जो यात्रा के पहले दिन से अंतिम दिन तक हमारे साथ रहने वाली थीं। वे कई सालों से कैलाश मानसरोवर यात्रा करवाती रही हैं। हमने डेढ़ महीने पहले उन्हें पासपोर्ट के साथ दो फोटोग्राफ़ और अपना मेडिकल सर्टिफ़िकेट भिजवाया और एडवांस जमा राशि भी भिजवा दी थी। शीला जी कई सालों से कैलाश मानसरोवर यात्रा करवाती रही हैं हम अपना मेडिकल करवाने के लिए जिन डॉक्टर साहब के पास गए...वे कैलाश यात्रा सुनते ही उछल पड़े। डॉक्टर साहब खुद कैलाश जाने के लिए दीवानेपन की हद तक तैयार थे। उन्होंने इतना रिसर्च कर रखा था कि हम हैरान थे।

''तो आप अब तक गए क्यों नहीं?'' हम दोनों ने एक साथ पूछा। वे आह भर कर बोले—

''कहने को अंधविश्वास है, मगर अब तो यही लगता है कि जब भोले बाबा बुलाएँ, मैं हर साल कार्यक्रम बनाता हूँ, कोई न कोई अड़ंगा आ

लगता है। एक बार तो पैसे तक जमा करवा दिए थे। सीट्स बुक हो गई थीं, लेकिन...जाने दीजिए देखिए उम्र रहते मौका मिल जाए। अगले साल पक्का जाऊँगा, आप आकर अनुभव सुनाइएगा!'' उन्होंने हमारा मेडिकल चेकअप करके तुरंत सर्टिफ़िकेट दे दिया।

सब हो चुका था, अब मेरे हमसफ़र अंशु जो वायुसेना अधिकारी हैं, उनको विदेश यात्रा हेतु वायु सेना मुख्यालय से अनुमति लेनी बाकी थी। सो उन्होंने भी एक महीने पहले ही एप्लीकेशन भेज दी थी। हमारी यात्रा का शेड्यूल 13 अगस्त से आरंभ होना था। सारे काम हो जाने के पश्चात् अब उत्सुकता भरा इंतज़ार बाकी था।

यात्रा की तैयारियाँ पहले मानसिक होती हैं फिर शारीरिक। हमने नियमित जिम जाना शुरू कर दिया था। हम एक-एक घंटा कार्डियो और मसल बिल्डिंग एक्सरसाइज़ कर रहे थे और अपने शरीर को कैलाश यात्रा के लिए तैयार कर रहे थे। क्रॉसट्रेनर मेरी पहली पसंद है, इस मशीन के लगातार उपयोग ने न केवल मेरा वज़न कुछ कम किया बल्कि ऊँचाई पर चढ़ने के लिये मेरे पैरों की मांसपेशियों और घुटनों को मज़बूत भी कर दिया। मैं रात को सोने से पहले कैलाश यात्रा के बारे में सोच कर रोमांच और डर दोनों महसूस करती थी। कैलाश पर जो किताब और सामग्री मिलती पढ़ डालती। कभी वह सब पढ़ कर मन शांत हो जाता तो कभी उद्विग्न!

वे घटाटोप मानसूनी दिन थे। मैंने पूछा कि मानसून में कैलाश यात्रा क्यों होती है? अंशु ने बताया कि मानसून एयर मास दस हज़ार फ़ीट से नीचे ही रह जाता है। अक्सर हिमालय की तलहटियों में पहुँच कर कमज़ोर भी पड़ जाता है। लेकिन इस बार नेपाल से अच्छी खबरें नहीं आ रही थीं। हम लगातार सुन रहे थे नेपाल में नदियाँ उफान पर हैं। न केवल मानसून बल्कि दूसरे 'एक्स्ट्रा ट्रॉपिकल सिस्टम्स' के चलते नेपाल की ऊँचाई वाले इलाकों और तिब्बत में भी बादलों का खेल चल रहा था। ऐसा शायद इसलिये कि हमारे साथ कालिदास महाशय के 'मेघदूत' को चलना था, फीका पड़ता यह सिस्टम तो हमें लिए अलका नगरी तक कैसे पहुँचता?

हमारी सारी चीज़ें तय हो चुकी थीं केवल अंशु की विदेश यात्रा की अनुमति का इंतज़ार था। उसके आते ही साथ ले जाने वाले और बाज़ार से

मानसरोवर से दिखता कैलाश

सूर्योदय से पहले मानसरोवर तट पर लेखिका

मानसरोवर तट पर सूर्योदय

मानसरोवर तट से दिखतीं गुरलामंधाता की चोटियाँ

राक्षस-ताल

यमद्वार

कैलाश परिक्रमा आरम्भ : ल्हाछू घाटी में प्रवेश

प्रथम दर्शन : दक्षिण मुख

पश्चिम मुख

कैलाश और नंदी

कैलाश का अवगुंठित : उत्तरी मुख

विदा लेते कैलाश का पूर्वी मुख

मध्यरात्रि में डेरापुक से कैलाश दर्शन

पड़ाव : डेरापुक

डोल्मा-ला : माँ तारा का निवास

18532 फ़ीट पर थक कर क्षण भर विश्राम करती लेखिका

चाँदी की अंगूठी में पन्ने सा जड़ा गौरी कुंड

शिव और कामदेव का शर

कैलाश में पाया जानेवाला गिलहरी, खरगोश और चूहे के मिले-जुले आकार का जीव : मॉर्मोट्स

तिब्बती महिलाएँ और बच्चे

खरीदने वाले सामान की लिस्ट बनानी शुरू कर दी। विंडचीटर्स, ट्रेकिंग शूज़, बर्फ़ में चलने वाली स्टिक्स, टोपियाँ, ऊनी मोज़े, इनर्स, ड्राइफ्रूट्स, चॉकलेट्स, रेडी टू ईट फ़ूड्स, थर्मस, फिफ्टी एसपीएफ़ वाली सनस्क्रीन। अच्छे सनग्लासेज़ हम दोनों के पास थे ही जो यू वी किरणों से हमारी आँखों को बचा सकें। स्वेटर्स हमने पतले वाले रखे। हमेशा हाइकिंग में पतली लेयर्स में कपड़े पहनने चाहिए बजाय एक मोटा कोट या जैकेट पहनने के। इनर, पूरी बाँहों की टी शर्ट, पतला ऊनी पुलोवर, उसके ऊपर विंडचीटर कैलाश परिक्रमा के लिये पर्याप्त हैं।

महिला होने के नाते मेरी अपनी दूसरी ज़रूरतें थीं, जिन्हें कोई कैलाश यात्रा के निर्देशों की लिस्ट में नहीं लिखता। अपनी-अपनी तकलीफ़ों का ख़याल रख मैंने नी कैप और अंशु ने एकंल सपोर्ट रख लिये।

ना ना करते हुए भी सामान बढ़ने लगा था, लेकिन हमारी सूझ-बूझ, संयम से ट्रेवल एजेंट के भेजे तीन बैग्स में वह आ गया। वे लोग अपने बैग्स इसलिये भेजते हैं ताकि हम अपनी भारी अटैचियाँ लेकर न पहुँच जाएँ जो पहाड़ी यात्रा में एकदम बेकार साबित होती हैं। उनके भेजे बैग्स बसों पर चढ़ाने आसान रहते हैं। हम दोनों को एक-एक बड़ा बैग, एक-एक पिट्ठू बैग, और एक-एक छोटा लटकाने वाला पासपोर्ट-मनी बैग दिया गया था। जिस पर ट्रेवल्स के नाम का लोगो लगा था। वह इसलिये कि विभिन्न पड़ावों पर कई ट्रेवल्स, टूर वाले लोग ठहरते हैं तो बैग अदल-बदल न जाएँ। आसानी से पहचाने जाएँ।

हम सामान एकत्र करते हुए बड़े प्रसन्न भी होते, फिर अगले पल आशंकित होते और उस सर्वशक्तिमान से प्रार्थना करते कि सब कुशलता से हो जाए। पासपोर्ट और अन्य कागज़ात हमारे यहाँ अंशु सहेज कर रखते हैं। सो उन्होंने ही यह ज़िम्मेदारी उठाई। मैंने ज़िपलॉक थैलियों में खाने का सामान जो ज़्यादातर एनर्जी फ़ूड था।

हमारी यात्रा का शेड्यूल 13 अगस्त 2018 से आरंभ होना था। सारे काम हो जाने के पश्चात् अब उत्सुकता भरा इंतज़ार बाकी था। कैलाश से संबंधित ढेर सारा साहित्य मैंने किताबों में और ऑनलाइन पढ़ना शुरू कर दिया। यात्रा की तैयारी और सामानों की लिस्ट तैयार करने में उनमें लिखे सुझाव बहुत

काम आए। मैं कैलाश को सपने में देखने लगी थी।

पश्चिमी तिब्बत में जिसके सहस्त्र कमल दल समान हिम चोटियों के बीच की कलिका के समान अपनी समस्त विभूतियाँ समेटे अखंड खड़ा है सजीला कैलाश। गौरीशंकर का क्रीड़ा शैल। जिसके प्रकृति वैभव पर आसक्त होकर कालिदास 'मेघदूत' में मेघ के कैलाश पहुँचने की यक्ष की कल्पना का इन श्लोकों में अतिसुन्दर, गहन प्राकृतिक चारुता का उपमा-उपमानों युक्त वर्णन करते हैं—

*उत्पनश्यामि त्वपयि स्निग्धभिन्नाकञ्जनाभे*
*सद्यःकृत्ताद्बिरददशनच्छ्देदगौरस्यप तस्यो।*
*शोभामद्रेः स्तिमितनयनप्रेक्षणीयां भवित्री-*
*मंसन्यस्ते सति हलभृतो मेचके वाससीव॥*

*हाथी दाँत के ताज़ा-ताज़ा तराशे हुए टुकड़े की तरह*
*गोरा है कैलाश!*
*भलीभाँति बने काजल की तरह*
*तुम हो चिकने-काले*
*बताऊँ, सटोगे उससे तो कैसे लगोगे?*
*पड़ी हो नीली चादर ज्यों गौरांग बलदेव के कंधों पर*
*साँवले-सलोने प्रिय मित्र मेघ*
*दीखोगे उसी तरह धवलगिरी पर*
*ठगी-पगी आँखों से एकटक देखने लायक*

कालिदास का प्रकृति प्रेम विश्व विश्रुत है। कालिदास के समस्त ग्रंथ पढ़ें तो वे प्रकृति के ही नहीं पर्यावरण के भी कवि हैं। कालिदास ने भारतीय पर्यावरण को वाणी दी है। षड्ऋतु वर्णन और मेघमार्ग का वर्णन उनकी भारतीय जलवायु के बारे में गहन ज्ञान को दर्शाता है। कैलाश के संदर्भ में कालिदास के श्लोक अचंभित करते हैं ! कौन न चाहेगा ऐसे कैलाश को जीवन में एक बार देख पाना?

तिब्बत की पर्वत मालाओं के बीच बसा है कैलाश पर्वत। बेहद दुर्गम यह पर्वत समुद्र तल से लगभग 22000 फुट ऊँचा है। हर साल यहाँ पर

परिक्रमा हेतु यात्रियों के जत्थे पहुँचते हैं। हम जानते थे यह आसान यात्रा नहीं है। नेपाल से होकर तिब्बत जाने में और तिब्बत से मानसरोवर के रास्तों में बरसात और भू-स्खलन आम बात है। इसी के चलते कहा जाता है मृत्यु से निकट का साक्षात्कार भी यह यात्रा करवाती है। कैलाश-परिक्रमा करने वाले लोगों की मान्यता है औघड़दानी शिव दर्शनार्थ क्या नहीं करवा लेते!

मैं तो किसी तीर्थ-यात्रा पर नहीं जा रही थी। मेरा सहयात्री था अनंग-अनंत मेघ, और साथ था कालिदास के यक्ष का दिया हुआ पथ-मार्ग का नक्शा। इसी प्रकार का पौराणिक और आस्थावादी साहित्य पढ़ कर मैं कैलाश को जानने निकलती तो नि:संदेह वैज्ञानिक दृष्टि और पौराणिक संदर्भ दोनों साथ लेकर मेरे संग चलते कालिदास रुष्ट हो जाते। इसलिए मैंने कैलाश-मानस क्षेत्र को लेकर जो वैज्ञानिक अध्ययन मिले वह भी पढ़ डाले।

यू-ट्यूब खंगाल डाला संसार की छत तिब्बत के हाई ऑल्टीट्यूड में ठंड और स्वास्थ्य संबंधी परेशानियों से कैसे रू-ब-रू होना है? वहाँ का पर्यावरण कैसा है? वहाँ के जीव-जंतु, वनस्पति कैसे होते हैं? ऑक्सीजन की कमी से निपटने की दवाएँ, बर्फ़ में चलने के तरीके....कैलाश परिक्रमा में क्या करना चाहिये और क्या नहीं करना चाहिये, चीन से भारत के और चीन से तिब्बत के राजनैतिक परिप्रेक्ष्यों को जाना। इसके साथ ही हमने यात्रा में काम आने वाली चीज़ों को एकत्र करना और जो हमारे पास नहीं थीं और अतिआवश्यक थीं उन्हें खरीदना आरंभ कर दिया।

'शिवास्ते सन्तु पंथान:' का बीज मंत्र मन में लेकर हम दोनों अपनी कल्पना में उस हिमाच्छादित पर्वतीय प्रदेश तिब्बत को बसा कर, कैलाश की ओर जाने के लिए पहला कदम उठा चुके थे। दस अगस्त को हम ग्वालियर से सड़क मार्ग से दिल्ली पहुँच गए। वहाँ बेटी कनुप्रिया के यहाँ रुके और गुड़गांव के डेकाथलन से बाकी बची चीज़ें खरीदीं। जल्दी सूखने वाले लोअर्स, इनर्स, जैकेट्स, ट्रैकिंग शूज़, बर्फ़ में चलने के लिए स्टिक्स, स्लीपिंग बैग्स, रेनकोट्स। रेनकोट और पेंट्स की जगह हमने एक लबादेनुमा रेनकोट खरीदा जो कि आपके कैमरे और सामान को सुरक्षित रखता है। हमने वही लिया। हमने स्लीपिंग बैग के बारे में अपने ट्रेवल एजेंट को पूछा तो उन्होंने मना कर दिया कि पूरी परिक्रमा में आपको भले रूम शेयर करना पड़े कई लोगों के

साथ किंतु बेड आपको एकदम साफ़-सुथरा मिलेगा। व्यर्थ ही न ढोएँ।

कैलाश यात्रा जितनी शारीरिक यात्रा है, उतनी ही मानसिक यात्रा भी है। अब हम सजग थे और हर संभावना को लेकर संयत भी। हम दोनों के मन में हल्का-सा डर भी था। अंशु जब कनुप्रिया को अपने बैंक और दूसरे डीटेल्स बताने लगे तो वह डर गई, बोली—''प्लीज़, मत जाइए!''

''बेटा, यह बस एहतियातन है। अब देख न, हमें अपने एग्रीमेंट में भरना पड़ा न कि अगर हमें वहाँ कुछ हो जाता है तो हमारी बॉडीज़ को वहीं...इसका मतलब यह थोड़े है कि...''

''प्लीज़ पापा!'' सुन कर उसकी बड़ी-बड़ी आंखों में आंसू छलक आए।

इसमें कोई दो राय नहीं कि तिब्बत की दुर्गम पर्वत मालाओं के बीच बसे कैलाश पर्वत की परिक्रमा आसान तो नहीं ही है। कैलाश तो स्वयं समुद्र तल से लगभग 22,000 फुट ऊँचा है ही मगर इसकी परिक्रमा में भी दर्शन हेतु 15,000 से 19,000 फुट तक की ऊँचाई पर पहुँचना होता ही है। वैसे तो वहाँ हर साल यात्रियों के जत्थे के जत्थे पहुँचते हैं। लेकिन हायपॉक्सिया यानी दिमागी सूजन, दिल के दौरे...या अन्य प्राकृतिक आपदाओं से कुछ प्रतिशत यात्री दोचार होते ही हैं। नेपाल से ही रास्ते में बरसात और भू-स्खलन आरंभ हो जाना आम बात है।

इसी सबके बीच दिल्ली में हमने बच्चों के साथ बहुत प्यारा समय बिताया, और 13 अगस्त को सुबह हमें काठमांडू के लिए फ्लाईट लेनी थी।

हम घर से निकले ही थे कि विघ्न पहले ही आ उपस्थित हुआ। गुड़गांव से एयरपोर्ट के रास्ते में कई किलोमीटर लंबा जाम हो रखा था। अगर हम उसमें फँसते तो तीन घंटे लग जाते। लेकिन हमारे ओला के ड्राईवर ने पुराने गुड़गांव की न जाने किन अनजान गलियों से निकाल कर किसी तरह समय से एयरपोर्ट पहुँचा दिया। हम समय से कस्टम आदि के झंझटों को पार कर जहाज़ में सवार हो ही गए। रास्ते में मेघ से भी मुलाकात हुई उसने अपनी उपस्थिति टर्बुलेंस के ज़रिये दो-तीन बार महसूस करवा दी। बादलों के विशाल किलों-परकोटों के पार पूरी शृंखला पर राज करता सा नगराज हिमालय भी दिख रहा था। नेपाल में जब जहाज़ नीचे उतरने की प्रक्रिया में था तब मैंने

खिड़की से झाँका—हरी-भरी पहाड़ियों की गोद में काठमांडू अवस्थित था। दूर क्षितिज पर नीले आकाश की पृष्ठभूमि में बर्फ़ से ढकी चोटियाँ झांक रही थीं। धूप का सोना बिखरा था।

हम प्रसन्नवदन बाहर आए तो इमीग्रेशन पर एक ऑफ़िसर ने मेरा सरनेम देखकर मुझसे कुछ नेपाली में पूछा मैंने अनभिज्ञता में सर हिला दिया। फिर उसने पूछा—''नेपाली परियूछू?''

मैंने कहा—''न!''

तब उसने मुझे बताया कि 'श्रेष्ठा' सरनेम नेपाल में भी होते हैं। फिर स्वागत में देर तक मुस्कुराता रहा। नेपाली लोग अपने मेहमानों के लिए बहुत सहृदय हैं। मेरा मन खुशी और उत्साह से भर गया था।

एयरपोर्ट से बाहर निकले तो मौसम एकदम बदल गया, घने काले बादलों से आसमान भर गया। बड़ी-बड़ी बूंदें गिरने लगीं। हम टैक्सी-स्टैंड तक आने में भीग गए! वहाँ कोई शेड नहीं था, मैंने मेघ को मुस्कुरा कर देखा—''अब अपने पहुँचने की सूचना तुम भिगो कर तो मत दो?''

हम अपनी ट्रेवल एजेंसी का बोर्ड खोज रहे थे। तभी ईशा ट्रेवल के एक व्यक्ति ने हमारे बैग्स से पहचान कर हमें एक व्यक्ति के साथ भेजा, जहाँ निधि ट्रेवल्स की मेटाडोर खड़ी थी। हमें लेने दो लोग एक मेटाडोर लेकर आए थे। उनमें एक शीला जी के असिस्टेंट गोपाल जी थे, दूसरे हमारे शेरपा श्याम। हमारा स्वागत रुद्राक्ष की माला पहना कर किया गया। हम काठमांडू की भीड़ भरी तंग गलियों से होकर लगभग पौन घंटे में काठमांडू के पुराने और फ़ेमस फ़ाइव स्टार होटल 'शांग्रीला' में आ गए थे। होटल बहुत अच्छा और बड़ा था। खूब हरे-भरे विशाल पेड़ों से घिरा। हमारा कमरा ओरियंटल स्टाइल से सजा हुआ था जो भूटान से लंबे सान्निध्य के कारण मुझे बहुत प्रिय है। ड्रेगन, क्रिसेंथेमम, लोटस की सुनहरी पेटिंग्स जगह-जगह लगी थीं। बड़ी-बड़ी बुद्ध और तारा की प्रतिमाएँ-पेंटिंग्स। हमारे कमरे की विशाल खिड़की में लकड़ी की खूबसूरत जाली लगी थी। उसके बाहर एक रंग-बिरंगे फूलों की बेलों से लदा मिनी गार्डन था। इसमें एक पेड़ भी था, जिसमें से लाल-कत्थई तीन पत्तियों वाले फूल झड़ कर गार्डन की घास पर फैले थे। इसी अहाते में एक

छोटा मछलियों से भरा कुंड भी था, जिसमें सुनहरी मछलियाँ तैर रही थीं। बड़ा सपनीला-सा था वह कमरा, जो आज भी सपने में आ जाता है।

अंशु को स्वागत में जो रुद्राक्ष की माला मिली थी, उसे वो खूब शौक से पहनकर घूम रहे थे। कॉफ़ी शॉप में जाने पर भी नहीं उतारी! मुझसे ज़्यादा वह उत्साहित लग रहे थे। मैं भी उन सभी अनजान अनुभवों के लिए तैयार थी और मुझे उम्मीद थी कि यह हाई-ऑल्टीट्यूड की यात्रा मेरी चेतना को उसके उच्चतम-स्तर पर ले जाने वाली थी। यात्रा के पूर्व के पल अनाम ऊर्जा के उत्सर्जन के पल थे।

अभी हमें दो रात काठमांडू में रुकना था। हम निश्चिंत हो गये। कॉफ़ी पीकर सड़क पर आ गये और आस-पास का जायज़ा लेने लगे। हरी-भरी पहाड़ियों से घिरा काठमांडू धूप और बदलियों के बीच विहंस रहा था। हम दुकानों के होर्डिंग्स पर नेपाली भाषा पढ़ कर चकित होते और सीखते जा रहे थे। यहाँ दुकान को 'पसल' कहा जाता है। नाश्ते को 'बिहान को खाजा'। हम दो उत्साह से लबालब बच्चे थे, एक ठीक पचपन का और दूसरा पचास पूरे करने जा रहा था।

लंच के समय हमें पहली बार हमारी टूर ऑपरेटर शीला जी मिलीं, उत्साह से भरी हुई स्मार्ट गुजराती महिला। उन्होंने हमें हमारे दल के बाकी लोगों से मिलवाया जिन्हें हमारे साथ समूची यात्रा करनी थी। सारे के सारे गुजराती थे और व्यवसायी परिवारों के थे। उनके लिए कैलाश दर्शन केवल और केवल भोलेनाथ और उनकी आस्था का विषय था। उनमें ज़्यादातर संस्कारी लोग थे और हम दोनों एकदम अलग थे उनसे लेकिन यात्रा तो साथ करनी थी। वे सब आपस में गुजराती में बातें कर रहे थे...और घुल-मिल भी रहे थे। हमने भी घुलने का प्रयास किया तो कुछ लोगों ने स्वागत किया और कुछ लोगों ने औपचारिक दूरी बरती। वैसे मुझे और अंशु को किसी कंपनी की कहाँ ज़रूरत थी? शाम को मैं और अंशु काठमांडू का पुराना हिस्सा थमेल देखने के लिए निकल गए थे। पारंपरिक नेपाली संस्कृति का आईना है थमेल।

हमने दरबार स्क्वायर भी देखा। मैं यहाँ की नेपाली काष्ठ स्थापत्य से बहुत प्रभावित हुई। काठमांडू शब्द ही अपने आप में संस्कृत शब्द काष्ठमण्डप का अपभ्रंश है। नेपाल का अस्तित्व बहुत पुराना है। पुरातात्विक साक्ष्यों के

अनुसार काठमांडू मध्य हिमालयी क्षेत्र के मनुष्य के प्राचीनतम निवास-स्थलों में से एक है। क्या यह संभव है कि यही अलका नगरी हो? मैंने पढ़ा था कि विभिन्न पुरातात्विक उत्खननों में 167 ईसा पूर्व से लेकर प्रथम ईस्वी सदी की ईंटें और अन्य वस्तुएं काठमांडू और इसके आस-पास के क्षेत्र में मिली हैं। यहाँ संस्कृति और परंपराओं को सहेज कर रखने की पूरी कोशिश की गई है। रंग यहाँ जीवन का हिस्सा हैं। यहाँ के पुराने विशिष्ट शैली में बने शानदार घर हर किसी को आकर्षित करते हैं। यहाँ के हिन्दू और बौद्ध मंदिर पूरी दुनिया में अपनी अलग पहचान रखते हैं। साथ ही यहाँ के प्राचीन बाज़ारों की रौनक भी देखते ही बनती है। हम भटक कर डिनर के समय तक लौट आए। शांग्रीला होटल का बुफे बहुत शानदार था। अब मेरी वज़न घटाने की दृढ़-इच्छा शक्ति भंगुर हो गई थी। उस पर मन का तर्क यह था कि आगे तो यूँ भी पैदल परिक्रमा करनी है और ऊर्जा तो चाहिए। उस दिन का बुफे मैंने और अंशु ने छक कर खाया और कमरे में जाकर लेट कर बातें करने लगे। जल्दी ही अंशु सो गये लेकिन मेरी नींद यात्राओं में तो बैरी ही हो जाती है।

अगले दिन काठमांडू दर्शन की व्यवस्था ट्रेवल एजेंसी ने कर रखी थी। हमें जल्दी नाश्ता करने का फ़रमान मिला। इस सुबह डायनिंग हॉल में कुछ लोगों ने परिचय करने में उत्सुकता दिखाई और हमें अपने साथ शामिल कर लिया। यह उनकी मध्यमवर्गीय सहजता ही थी कि वे बहुत निजी पारिवारिक सवाल भी पूछ रहे थे। 'कहाँ से? कितने बच्चे?' इसके आगे कौन जात?' टायप भी जिनसे मुझे उलझन भी हो रही थी लेकिन जिस तरह सहज ही वे अपने बारे में बताने लगे तो वो उलझन हट गई और महसूस हुआ कि यह खुलापन उनके व्यवहार का हिस्सा है।

14 अगस्त को पूरा दल नाश्ते के बाद एक अच्छी बस में काठमांडू दर्शन को निकला। इस दल में मुझे छः लोगों को देख कर हैरानी हुई कि ये कैलाश-परिक्रमा तो दूर, मानसरोवर तक कैसे चलेंगे। चार यात्री सत्तर के ऊपर-नीचे वाले थे। दो भीषण मोटे, एक मेरी आयु की महिला, एक अड़सठ साल के अंकल जी, जिनका इमीटेशन ज्वैलरी का व्यापार था वो मोटे और बूढ़े दोनों थे। उनकी हालत देखकर मेरे और अंशु दोनों के मन में एक ही सवाल उठ रहा था कि ये नेपाल में बस से उतर-चढ़ नहीं पा रहे तो आगे?

मगर शीला जी निश्चिंत थीं, मुद्दई भी खुश थे। उन चार बूढ़ों में दो तो सत्तर पार कर चुकी बहनें थीं। जो रिटायर्ड अध्यापिकाएँ रही थीं, वे यूँ तो दुबली थीं लेकिन उम्र देख कर मुझे घबराहट हो रही थी। कुछ भी कहो उनका उत्साह देखते बनता था। पूरे समूह में शीला जी के अलावा वही दोनों थीं जो अच्छी हिन्दी बोल रही थीं और एकाध अंग्रेज़ी के बुकिश जुमले भी उछाल देती थीं।

एक निहायत ग्रामीण काका थे, जो गुजराती कृषक और पशुपालक थे। उनकी वेशभूषा गुजराती अंगरखा और धोती थी। गर्म कपड़े के नाम पर उनके पास भेड़ की ऊन से बुना एक चरवाहे जैसा ही कत्थई रंग का सुंदर कंबलनुमा शॉल था। वे पैंसठ से ऊपर रहे होंगे मगर उनका स्वास्थ्य और ऊर्जा का स्तर देखने लायक था, चपल, चाक-चौबंद। साठ वर्षीय रमेश जी थे, जिनका स्वास्थ्य भी अच्छा था, वे यूरोप में ट्रक-ड्राइवर रहे थे। पूरा दल देखने पर मुझे हल्का-सा भय भी हुआ, बहुत से ऐसे संभावित लोग थे जो टूर का मज़ा किरकिरा कर सकते थे। उस पर गुजराती होने की वजह से वे कोई खास गर्म कपड़ों की व्यवस्था के साथ नहीं आए थे। उनके अनुसार वे सोच कर आए थे कि नेपाल या तिब्बत से खरीद लेंगे।

बस के चौराहे पर आने के बाद हमारी बस में एक गोरा सा युवक चढ़ा—नरेश नाम था उसका। वह हमारा काठमांडू का गाईड था। आते ही उसने अभिवादन किया और बताने लगा—सबसे पहले हम पशुपतिनाथ मंदिर जाएँगे। बस चलने पर उसने पशुपतिनाथ की कथा सुनाई कि कैसे यहाँ शिव लिंग के रूप में नहीं महिष के रूप में विद्यमान हैं। क्यों विद्यमान है इसकी कथा मैं आपको आगे बताऊँगी क्योंकि जब वह कथा बता रहा था तो रास्ते में नेपाल का कुंजों से घिरा राजमहल 'नारायण-हिति' पड़ा। मेरा मन कथा से हट कर नेपाल नरेश के परिवार के हत्याकांड पर टिक गया। मुझे लगता है वहाँ से गुज़रने पर हरेक को वह हादसा याद आता ही होगा।

पशुपतिनाथ मंदिर की ओर जाते रास्ते में बागमती नदी के भी दर्शन हुए। इस नदी का भी रावण से संबंध रहा है, शायद यह रावण के तीर से उद्भूत हुई। कथाएँ कहती हैं, रावण और शिव के बीच वैसा ही भक्त और देव का संबंध है जैसा हनुमान और राम का। तो जहाँ शिव चलते हैं वहाँ-वहाँ रावण भी किसी न किसी बहाने प्रकट हो ही जाते हैं। बस एक ही बात यहाँ अलग

है कि राम-भक्त हनुमान ने कभी अवज्ञा नहीं की वहीं रावण के घमंड और विवेकहीनता का महादेव ने बार-बार मर्दन किया।

हमारी बस पशुपतिनाथ मंदिर से कुछ दूर पर ही रुक गई। हमारे गुजराती साथी पूजा सामग्री खरीदने लगे, कुछ रुद्राक्ष खरीदने लगे। मैं और अंशु सीधे मंदिर परिसर में आ गए। यह मंदिर हिन्दू और बौद्ध वास्तुकला का एक अच्छा सम्मिश्रण है। मुख्य मंदिर पगोडा शैली में बना है जो एक विशाल प्रांगण में सुरक्षा के बीच अवस्थित है। जिसका संरक्षण नेपाल पुलिस द्वारा किया जाता है। मंदिर एक वर्गाकार चबूतरे पर बना है जिसकी आधार से शिखर तक की ऊँचाई भी काफी है। मंदिर का शिखर सोने का है जिसे गजुर कहते हैं। परिसर के भीतर दो गर्भगृह हैं। भीतरी गर्भगृह वह स्थान है जहाँ शिव की पंचमुखी प्रतिमा स्थापित है। जबकि बाहरी गर्भगृह एक खुला गलियारा है। यह मंदिर लगभग पाँच सौ से अधिक हेक्टेयर में फैला हुआ है, जिसमें 518 मंदिर और कई प्रांगण सम्मिलित है। मंदिर की दो परतीय छत तांबे की बनी है जिस पर नक्काशीदार सोने की परत चढ़ाई गई है।

भीतरी आंगन में मौजूद मंदिर और प्रतिमाओं में कीर्ति मुख भैरव मंदिर, सूर्य नारायण मंदिर वासुकिनाथ मंदिर, बूदानिल कंठ मंदिर और 184 शिवलिंग मूर्तियों सहित हनुमान मूर्ति, अवस्थित है। पशुपतिनाथ मंदिर के बाहर बागमती का आर्य घाट स्थित है। कहते हैं कि पौराणिक काल से पूजा-अर्चना हेतु इसी घाट के पानी को मंदिर में ले जाया जाता है। पशुपतिनाथ मंदिर में भगवान की सेवा करने के लिए 1747 में नेपाल के शासकों ने भारतीय पुरोहितों को नियुक्त किया था। दक्षिण भारतीय 'भट्ट ब्राह्मण' ही इस मंदिर के प्रधान पुरोहित होते हैं। लेकिन प्रचंड की वामपंथी सरकार ने अपने तत्काल प्रभाव से भारतीय पुरोहितों का एकाधिकार हटा दिया।

दर्शनार्थियों की भीड़ के बावजूद हमें पशुपतिनाथ के अच्छे दर्शन हो गए। बहुत ही सुंदर विग्रह है, मुझे यह चतुर्मुखी लगा, लेकिन श्याम जी ने कहा एक मुख ऊपर की ओर है।

श्याम जी बड़े ज्ञानी हैं। बताने लगे—''चारों दिशाओं में एक-एक मुख और एक मुख ऊपर की ओर है। पूर्व दिशा की ओर वाला—तत्पुरुष और पश्चिम की ओर वाला—सद्ज्योति है, उत्तर दिशा वाले मुख को वामवेद

कहते हैं, वह अर्धनारीश्वर जैसा है। दक्षिण दिशा वाला मुख अघोरा है। जो ऊपर की ओर है उसे ईशान मुख कहा जाता है। जिन्होंने देखा वे कहते हैं कि वह सिंह जैसा दिखता है। ध्यान से देखिये प्रत्येक पाटल मुख के नीचे एक हाथ में रुद्राक्ष की माला और एक में कमंडलु पकड़ा हुआ दिखाई देगा। यहाँ मानते हैं कि यह ज्योतिर्लिंग पारस पत्थर के समान है। ये चार मुख चार वेदों के प्रतीक माने जाते हैं, पाँचवाँ मुख ब्रह्म का है। दर्शनार्थियों को केवल चार मुख दिखते हैं किसी ओर से देखो। इसका पाँचवाँ मुख हर किसी को नहीं दिखता, जिसे दिखता है वह कोई ईश्वरीय अंश होता है।''

मैं कोशिश करती रही लेकिन विग्रह फूलों और वस्त्रों से ढका था। गर्भगृह के ठीक सामने नंदी की विशाल प्रतिमा है से सट कर मैं खड़ी थी और वहीं से मूर्ति के दर्शन कर रही थी। क्योंकि आगे तो 'हटो-हटो' करके भगाया जा रहा था। यहाँ हम दोनों देर तक खड़े रह सके। यहाँ शिव का स्वरूप 'लिंगम्' के रूप में नहीं बल्कि महिष (भैंसे) के सिर के रूप में स्थापित है। केदारनाथ में इस महिष का पार्श्व। इसके पीछे की एक कथा गाईड ने हमें बस में सुनाई थी। हमारे गुजराती साथी ऐसी मिथक-पुराण कथाओं में अत्यधिक रुचि ले रहे थे। एक भाई साहब तो पुराण-मिथक कथा-एक्सपर्ट थे सो बीच-बीच में गाईड को टोक भी देते थे। हाँ तो जो कथा बस में भटक गई थी वह यूँ है कि इस मंदिर की महत्त्वपूर्ण कड़ी केदारनाथ मंदिर से जुड़ी है। कहा जाता है जब महाभारत युद्ध समाप्त हुआ तो पांडवों पर स्वकुलजन हत्या का दोष लगा हुआ था। जिसे गोत्र-वध कहा जाता है। भगवान कृष्ण ने इस पाप निवारण हेतु पांडवों को शिव के सान्निध्य में जाने को कहा। पांडव हिमालय की ओर चले, पांडव जब शिव के निकट पहुँचने को ही थे कि शिव यह सोच कर कि ऐसे पाप का निवारण इतना सरल क्यों हो? वे भैंसे का रूप धर वहाँ से भागने लगे लेकिन भीम जान गये कि ये शिव हैं वरना ऐसी बर्फ़ीली धरा पर यह भैंसा कहाँ से प्रकट हुआ। उन्होंने उसे पकड़ने के लिए दौड़ लगाई और किसी तरह पूंछ पकड़ ली मगर भैंसा तब तक धरती में आधा समा चुका था।

जिस स्थान पर भीम ने इस कार्य को किया था उसे वर्तमान में केदारनाथ धाम के नाम से जाना जाता है। लेकिन जिस स्थान पर उनका मुख धरती से बाहर निकल आया वह यही स्थान था, देवपाटन और बागमती का किनारा।

धरती से बाहर निकलने में उनका मुख चार हिस्सों में बँट गया। महिष और पांडव की इसी कथा के चलने से यह मंदिर पशुपतिनाथ कहा जाता है। इसलिए केदारनाथ में इस महिष रूप शिव के पृष्ठभाग के दर्शन होते हैं। पुराणों में पंचकेदार की कथा नाम से इस कथा का विस्तार से उल्लेख भी मिलता है।

मुझे यह विग्रह देख मंदसौर के पशुपतिनाथ याद आ गए, मानो एक ही परंपरा के किसी मूर्तिकार ने इसे बनाया हो। यह मंदिर निःसंदेह मंदसौर की ही तरह पाशुपत संप्रदाय का है लेकिन इसके निर्माण का कोई प्रमाणित इतिहास नहीं है किन्तु कुछ जगह पर यह उल्लेख मिलता है कि मंदिर का निर्माण सोमदेव राजवंश के पशुप्रेक्ष ने तीसरी सदी ईसा पूर्व में कराया था। मंदसौर की पशुपति प्रतिमा की तुलना इन पशुपतिनाथ से की जाती है, किन्तु इसमें चार मुख उत्कीर्ण हैं, और मंदसौर वाली प्रतिमा में भिन्न-भिन्न भावों को प्रकट करने वाले अष्टमुखों से युक्त ऊपरी भाग में लिंगात्मक स्वरूप लिये हुए है।

नेपाल के इतिहास में यह कहा गया कि 605 ईस्वी में किसी राजा अंशुवर्मन ने पशुपति भगवान की स्थापना और अराधना की थी। इस मंदिर का भव्य पुनर्निर्माण लगभग 11वीं सदी में हुआ। लेकिन काष्ठनिर्मित होने के कारण दीमक की वजह से मंदिर फिर नष्टप्राय हो गया तब लगभग 17वीं सदी में इसका पुनरुद्धार किया गया। मध्य युग तक तो इस मंदिर की कई प्रतिकृतियाँ बना दी गईं। जगह-जगह जैसे मंदसौर, ललितपुर और बनारस। पशुपतिनाथ के इस वर्तमान स्वरूप को नरेश भूपलेंद्र मल्ला ने 1697 में निर्मित किया। लेकिन इस मंदिर का भाग्य कि अप्रैल 2015 में आए विनाशकारी भूकंप में इस वर्ल्ड हैरीटेज की कुछ बाहरी इमारतें पूरी तरह नष्ट हो गयीं। लेकिन पशुपतिनाथ का मुख्य मंदिर और मंदिर के गर्भगृह को किसी भी प्रकार का नुकसान नहीं हो सका।

हम दर्शन कर मंदिर परिसर का हर मंदिर और पीछे बना घाट देखने लगे। वहाँ दूसरे छोर पर नेपाली फ़िल्म की शूटिंग चल रही थी। बिलकुल अस्सी के दशक की हिन्दुस्तानी फ़िल्मों की तर्ज पर सफ़ेद जूतों वाला हीरो, लाल-नीले घाघरे वाली नाचती हीरोईन और उनके चारों तरफ़ नाचती एक्स्ट्राएँ। हीरोईन नेपाली चेहरे मोहरे की थी....एक छोटी सी भीड़ वहाँ थी। हम एक घंटे में परिसर घूम कर बाहर आ गए। शीला जी बाहर ही थीं, वे हमें रुद्राक्ष

की एक अधिकृत दुकान पर ले गईं। हम शॉपिंग मूड में नहीं थे, हमने कहा भी कि कैलाश दर्शन से आकर खरीद लेंगे, हमें तो नेपाल लौटकर रुकना ही है। तो वे बोलीं रुद्राक्ष खरीद कर मानसरोवर के जल में सिक्त करने पर ही वह असरकारक होता है। इस बात से प्रेरित होकर हमने अपने मित्रों-रिश्तेदारों के लिए नेपाल के रुद्राक्ष खरीद लिये। मैंने कुछ बौद्ध सामान भी खरीदा, एक लकड़ी फिराने पर ओम की ध्वनि निकालने वाला कांसे का कटोरा, एक तारा की मूर्ति और कुछ मुखौटे।

उसके बाद हम बाणगंगा (बागमति ही) के निकट झूलता पुल पार कर, द्वाद्वशज्योतिर्लिंग मंदिर में गए. वहाँ से ढेर सारी सीढ़ियाँ चढ़ कर जाने पर एक शक्तिपीठ भी था। कहते हैं वहाँ पार्वती की कोहनी गिरी थी। मुझे उस मंदिर में लाईन से बने प्राचीन मूर्तिकला के सुंदर प्रमाण पत्थर के शेर जो अलग-अलग मुद्रा में बैठे थे, बहुत अच्छे लगे।

वहाँ से हम बस में बैठ कर स्वयंभूनाथ आ गए, यह पहाड़ी पर स्थित एक प्राचीन बौद्ध स्तूप है। विशाल स्तूप पर बनी आँखों को देखो तो लगता है कि यहाँ से तथागत बुद्ध पूरे शहर को देख रहे हैं। यहाँ अनेक छोटे स्तूप, बुद्ध के आदमकद विग्रह थे। एक पैनल पर उकेरे काले पत्थर में बुद्ध इतने सुंदर लग रहे थे मानो पारदर्शी सा दिखने वाला उनका उत्तरीय इस पहाड़ी पर बह रही मलयानिल से उड़ेगा और वे अपनी पतली उंगलियों से उसे सहेज लेंगे, मैंने उनके पास बैठ कर तस्वीर खिंचवाई। इस विग्रह की कोई पूजा नहीं कर रहा था। लेकिन स्वयंभू मंदिर में पूरे पाखंड के साथ पूजा हो रही थी। सिंदूर, फल, अगरबत्ती, दीपक! बुद्ध स्वयं जिस पाखंड और दिखावे से भागे थे जाने कैसे भक्तों ने उन्हें उसी में जकड़ लिया है। चाहे फिर सिक्किम जाओ कि तिब्बत या फिर भूटान, मूर्तियाँ, चढ़ावा सब कुछ धड़ल्ले से। तांत्रिक क्रियाएँ बौद्ध धर्म में आ जुड़ेंगी, क्या बुद्ध ने सोचा होगा? स्वयंभू में मुझे बहुत अच्छा लगा, वहाँ से पूरा शहर दिख रहा था। लग रहा था कि पहाड़ों से निकल कर पूरा नेपाल जैसे काठमांडू भाग आया हो। वही दिल्ली वाले हाल, मगर छोटे और कमज़ोर पैमाने पर। यहाँ सड़कें कहानी कह रहीं थीं, भ्रष्टाचार की।

हम सब बस में बैठ कर चले ही थे कि शोर मच गया कि उन दो अध्यापिका बहनों में से एक गायब है। बस रोकी गई, खूब देर तक इंतज़ार

किया मगर वह तो आई ही नहीं, फिर किसी को दौड़ाया। वे मंदिर परिसर में भी कहीं नहीं मिलीं। अब शीला जी को घबराहट हुई और उन्होंने सभी को डांटा कि आप सब लोग समूह में क्यों नहीं रहते हैं? कम से कम दो लोग तो साथ हों। उनके मोबाईल पर फ़ोन किया गया तो उन्होंने पांचवीं बार में उठाया। पता चला वे स्वयंभू मंदिर की पहाड़ी के किसी दूसरे ही छोर से सीढ़ियाँ उतर कर जाने कहाँ पहुँच गई हैं। फिर उनसे कहा निकट में कोई नेपाली हो तो उसे फ़ोन दें। तब हमारी बस सात किलोमीटर घूम कर पहाड़ी के दूसरे छोर पर गई जहाँ वे बैठी मिलीं। बस में सभी धीमी आवाज़ में उन पर गुस्सा करने लगे, वे बेचारी सबको सॉरी-सॉरी कहती रहीं।

वहाँ से हम काठमांडू के प्राकृतिक वैभव को निहारते हुए बूढ़ा नीलकंठ मंदिर गए...इसे जल-मंदिर भी कहते हैं। यह शहर से थोड़ा बाहर एक पहाड़ी के नीचे स्थित है। यहाँ वही नेपाली स्थापत्य दृष्टिगोचर हुआ। मंदिरों में भी पैगोडा स्टाइल के बौद्ध स्थापत्य का ही थोड़ा अलग रूप दिखाई देता है। मंदिर की सिरमौर बनी पहाड़ी पर सीढ़ीदार धान के खेत लगे थे। इस मंदिर में एक विशाल कुंड में शेषशायी विष्णु की विशाल पीतल की सुंदर सुनहरी प्रतिमा जल के तल पर लेटी थी। जो छः माह विष्णुरूप में पूजी जाती है, छः माह शिवरूप में। हमने उसे विष्णुरूप में देखा। निस्संदेह यह दृश्य अनूठा था।

काठमांडू के अन्य पर्यटन स्थल देख दिन का खाना हमने बाहर खाया। शाम को हम शांग्रीला लौट आए। शाम सात बजे, होटल के कॉन्फ्रेंस हॉल में पूरे यात्रा-दल की असेम्बली थी, वहाँ कैलाश यात्रा हेतु आवश्यक ब्रीफ़िंग होनी थी। सविस्तार बताया जाना था कि हमें कैसे-कैसे जाना होगा, हमें क्या सुविधा मिलेगी, हमें कैसे-क्या करना है। कौन सी आवश्यक वस्तुएँ चाहिए होंगी, यहाँ से कम से कम सामान ले चलना है, फ़ालतू सामान यहीं छोड़ देना है। वैसे तो सामान्य फ़र्स्ट एड बॉक्स साथ रहेगा, किंतु किसी की कोई खास दवा चलती हो तो...हम तो अपनी पूरी तैयारी से आए थे। हर किस्म की दवाएँ हमारे साथ थीं।

वहाँ गर्म जैकेट भी अलॉट हो रहे थे, जो कैलाश यात्रा में विशेष मुफीद रहते हैं। निश्चित ही मैं और अंशु तो अपनी जैकेटों में काम चलाने का निर्णय ले चुके थे, इन कई बार, कई लोगों द्वारा पहने हुए जैकेटों को पहनने की

जगह। वहाँ घोषणा हुई कि किस-किस को घोड़ा करना है, वह अपने इक्कीस हज़ार रुपये अभी शीला जी को दे दे! अंशु ने चार बार मुझसे पूछा—"बात इक्कीस हज़ार की नहीं है मन्नो! तुम चल सकोगी?"

"बात इक्कीस हज़ार की कहाँ है अंशु, बात तो खच्चर पर नहीं बैठने के प्रण की है न?" मैंने कहा था और हम अपने कमरे में चले आए थे। फ़ालतू सामान यहीं छोड़ने की हिदायत पर अमल करने बैठे और बैग्स खोल लिये। सच में फ़ालतू सामान छोड़ने का निर्णय करना उलझा रहा था, पहले ही हम सोच समझ कर सामान लाए थे। फिर भी हमने पहने हुए गंदे कपड़े, फ़ालतू कुछ सामान निकाल ही दिया। अब कुछ भी फ़ालतू नहीं लग रहा था। मुझे पूरी कैलाश-यात्रा में ओम श्रीवास्तव जी की किताब 'शिव से शिवांश' (पृ. 59) के वाक्यांश याद आए—"साथ रहते-रहते अनावश्यक भी आवश्यक लगने लगता है। हमारे जीवन में कितनी ही चीज़ें हैं, जिनका उपयोग शायद ही जीवन में कभी हुआ हो पर उन्हें घर में सहेजे हैं, और उन्हें खरीदने के लिये रात-दिन परेशान हैं।"

अपने बैग्स दुबारा पैक कर हम समय से सो गए। मुझे नींद की गोली खानी पड़ी क्योंकि लगातार एक उत्तेजना में मैं दो दिन से सो नहीं सकी थी, और करवटें बदल रही थी। गोली खाते ही मुझे नींद आ गई।

पहली बार था कि पंद्रह अगस्त को मैं अपने देश से बाहर थी। सुबह नाश्ते के पहले सबने एकत्रित होकर 'जय हिन्द' का घोष किया। सामूहिक फ़ोटो खिंचवाई और नौ बजे हम सत्ताईस यात्रियों से भरी एक साधारण, कम आरामदेह बस कैलाश मानसरोवर की यात्रा के लिए रवाना हुई। बस देखकर मेरा मनोबल कुछ टूटा मगर अंशु सहज थे। बकौल शीला जी-बॉर्डर रसुवागड़ी पहुँचते-पहुँचते रात तो हो ही जाएगी। जैसे ही बस चली 'हर-हर महादेव' का जयघोष गूंजा। बस को चले एक घंटा हुआ होगा कि 'गुजराती टिफिन' खुलने लगे। भाखरी, खाखरा, थेपला, अचार, नमकीन, नीबू में डूबा अदरक, रोस्टेड इमली के बीज, मेथी, सोंठ, गोंद के लड्डू, चिक्की जाने क्या-क्या लोग आपस में शेयर करने लगे। हम तो ड्राइ-फ्रूट्स के पैकेट और चॉकलेट्स लेकर ही चले थे। हमने आस-पास शेयर कीं, किसी ने लिया किसी-किसी ने 'जात' की सोच कर नकार दिया, क्योंकि हमारे रंग-ढंग देख वे आश्वस्त नहीं थे।

काठमांडू में सड़कें बहुत बुरी हैं, भीड़ से अटीं और गड्ढेदार। उस खड़-खड़ खटारा बस और भीषण ट्रेफ़िक के चलते काठमांडू शहर से निकलने में ही दो घंटे लग गए। उस पर तिब्बत की ओर जाने वाली सड़क बहुत संकरी थी, जगह-जगह लैंड स्लाईड का मलबा मिल रहा था। तेज़ धूप के कारण गर्मी लग रही थी, हवा में ठंड। मैंने सुबह पहना स्वेटर उतार दिया था।

जंगली नाशपातियों का जंगल पड़ा तो मेरा सुबह से उखड़ा मन आह्लादित हो गया। काठमांडू से उतर थोड़ा मैदान में आकर सड़क भी अब ठीक वाली आ गई थी। हमने लंच एक नेपाली कस्बे में किया। नेपाली खाना सादा मगर स्वादिष्ट था। वहाँ भूटानी थिंए और टमाटर की चटनी खाकर तो मुझे आनंद ही आ गया था। दोपहर के दो बजे थे और अभी हमें रसुवागड़ी तक पहुँचने के लिए पाँच घंटे और बस में चलना था। यहाँ से आगे का रास्ता अब संकरी सड़कों, रपटीले ढलानों, पहाड़ों, जंगलों, नदियों, झरनों वाला था। मौसम और दृश्य तो बहुत मनोहर थे मगर रोड इतनी पतली और गड्ढे वाली थी कि आप किसी सुंदर झरने का आनंद लेने लगते कि झटका लगता। इठलाती नवयौवना नदी देखते हुए एक पल खुश होते कि दूसरे पल सांस अटक जाती कि बस एकदम फिसलते किनारे पर चल रही होती थी। नेपाली घरों के अहातों में मक्का के छोटे-छोटे खेत थे, रहवासियों ने आँगनों में भुट्टों की मालाएँ लटका रखी थीं जो बहुत सुंदर मालूम होती थीं। नेपाल की वनसंपदा बहुत अच्छी है, हिमालय के दुर्लभ जानवर रेड पांडा और हिमालयी रीछों को खाल के लिए बहुत स्मगल किया जाता रहा है सो हर गाँव या जंगल के मुहाने पर 'जंगली पशुओं व वनसंपदा' की स्मगलिंग पर रोक लगाने के लिए नाके बने थे। बस की गहरी चैकिंग होती थी। हमें बार-बार उतरना पड़ता था, मगर यह तत्परता मुझे भली लगी। लेकिन एक जगह तो मैं चौंक ही गई। वह नाका 'वन संपदा' की चैकिंग के लिए नहीं था। मेरा दिल दहल ही गया जब मुझे पता चला कि यह लड़कियों की स्मगलिंग यानी ह्यूमन ट्रेफ़िकिंग की चैकपोस्ट थी। मेरा खून एकदम ठंडा पड़ गया, आह! इस देश में इतनी गरीबी है कि...स्त्रियाँ और वनसंपदा दोनों एक पलड़े पर तुलती हैं।

हमारी बस में गुजराती भजन इस कदर ज़ोर से चल रहे थे कि मैं और अंशु खीज रहे थे। अंततः अंशु को कहना पड़ा कि वॉल्यूम कम कर दें, उन्हें

सरदर्द हो रहा है। आस्था के नाम पर किसी किस्म का शोर या पैरोडीनुमा भजन हम दोनों को ही नहीं पसंद। वॉल्यूम कम हो गया। भजन चलते रहे–रामाजी पीर...म्हारो भोलो टाइप के। मज़ेदार बात यह कि इसके साथ खाना–पीना लगातार जारी था, थेपले, खाखरे, ढोकले, नमकीन...

यह बात अच्छी थी कि हमारे दल के लोग हमारी सभ्रांतता से प्रभावित तो थे मगर आतंकित नहीं और बहुत सौजन्य बने रहे हमारे प्रति। बस में चलते–चलते शाम ढलने लगी थी और अचानक तेज़ बरसात शुरू हो गई। रास्ते में एक परेशान नेपाली ग्रामीण युवा महिला ने बस रुकवाई और आगे बोनट पर बैठ गई। वह बहुत चिंतित दिख रही थी। जल्दी ही उसकी चिंता का कारण हम सबके सामने प्रस्तुत हो ही गया।

सामने तंग और तीखे मोड़ वाली सड़क पर पहाड़ धसकने के कारण बस को रुकना पड़ा। पहाड़ ने गिरते हुए सड़क को लगभग साथ ले लिया था नदी में गिरने से पहले। हमारे ड्राइवर ने पहले तो बची हुई पतली सड़क से निकालना चाहा मगर पास जाकर उसकी हिम्मत टूट गई। वहाँ बस पहाड़ से लग–लग कर चलने पर एक या दो लोगों के निकलने लायक जगह थी। बस वहाँ से कैसे जाती? हमें बस से उतार दिया गया और इंतज़ार करने को कहा गया। अँधेरा हो गया था, बरसात जारी थी और हम सड़क पर एक चौड़े मोड़ के मुहाने पर खड़े भीग रहे थे। बहुत नीचे से आता नदी का शोर डरा रहा था, इस नदी का नाम वेत्रवती बताते थे। मैं चौंक गई बेतवा का भी तो यही नाम है न।

हमारे साथ आई वह नेपाली स्त्री घबरा कर बार–बार अपने घर फ़ोन कर रही थी। शायद पति और बच्चों को। एक घंटे बाद हमें कहा गया कि आप लोग बस से केवल अपने हैंड बैग्स लेकर उस धंसी सड़क के अवशेष से उस पार जाओ। उधर एक और बस मिलेगी। हमारे पोर्टर हमारा सामान उतार कर एक जीप में लाएँगे। मैं अंशु के साथ खुशी–खुशी चली मगर मौका–ए–वारदात पर जाकर मेरी तो साँस अटक गई थी सड़क कहाँ थी, सड़क टूट चुकी थी। अंधेरे में हमें अपनी गाड़ी इधर छोड़ उधर पैदल जाकर दूसरी गाड़ी में बैठना था। ज़मीन बस दो लोग सट कर चल सकें इतनी बची थी। कंधों पर छोटे बैग्स और कैमरा थे। मैं तनाव में थी, मेरा प्रत्यक्षत: तो यह पहला साक्षात्कार

था, ऐसे खतरों से। प्रकृति का यह भयंकर रूप मैंने पहली बार देखा हो ऐसा नहीं है। लैंड-स्लाइड का बहुत बड़ा मलबा सिक्किम में भी देखा था, मगर दूर से दर्शक की तरह। उसे चलकर पार करने की नौबत नहीं आई। संकरे रास्तों पर खाइयों से डरते हुए पहाड़ी यात्रा भी की है, मगर ऐसे बिना सड़क वाले एक आदमी के गुज़रने लायक रास्ते पर ढहते पहाड़ से चिपक-चिपक कर पैदल रास्ता कभी पार नहीं किया था। नीचे खाई थी, ऊपर पहाड़ था, बीच में तीन सौ कदमों का एक कीचड़ का ढेर था जिस पर से उस पार जाना था। नीचे नदी हहरा रही थी। हम बहुत संभल कर मगर जल्दी-जल्दी उस पार पहुँचे। फिसलना जानलेवा हो सकता था, हमने तो जूते पहने हुए थे। हमारे दल में चप्पलें, सैंडल, स्लिपर, पगरखियाँ पहनने वाले लोग भी थे। साड़ियों में महिलाएँ थीं। हमारा बाकी का सामान नेपाली शेरपाओं के हवाले था। अंधेरे में सैंकड़ों फ़ुट नीचे नदी शोर मचाती बह रही थी। हम फिसलनी धरा पर कदम जमा कर दूसरे छोर पर पहुँचे। हम कुल सत्ताईस यात्री थे। चार पोर्टर, शेरपा और ड्राइवर। अपने सामान को पैदल कुलियों द्वारा दूसरी ओर खड़ी लॉरीनुमा बस में लादने की इस कवायद में दो घंटे बरबाद हो गए थे। जब सब सामान आया तब यह बस चल सकी।

जब दूसरी बस चलने लगी तब भी मेरा दिल बुरी तरह काँप रहा था। यह बस उस बस से भी खटारा थी, मगर इस वक्त यही अच्छी लग रही थी। अब बस के बाहर अँधेरा था। दूसरी गाड़ियों की रोशनी में जो दिखता वह कंपा जाता था। संकरी सड़क, रिसते पहाड़, खाईयाँ और उफ़ान मारती नदियाँ! सामने से आती तेज़ बौछारें। प्रकृति न जाने कैसे तांडव के मूड में थी। सब धीमे स्वरों में शिव-स्तुति का जाप कर रहे थे। हमेशा खिड़की पर क़ब्ज़ा करने वाली मैं बस की खिड़की के पास से हट गई। अंशु से चिपकी बैठी थी, वो भी खामोश थे, खिड़की के बाहर न देख सामने अंधेरे को घूर रहे थे। नदी फुफकारती, उफनती हमारे साथ चलती रही, हमारी सबकी प्यारी होती हैं नदियाँ मगर उनके ऐसे रौद्र रूप मैंने पहली बार देखे। शाम सात बजे की जगह रात दस बजे हम नेपाल बॉर्डर रसुवागड़ी से लगे गाँव सायब्रू-बेस्सी पहुँचे। वहाँ एक तिब्बती महिला साफ़-सुथरा गेस्टहाउस चलाती हैं। गर्म खाना और गर्म बिस्तर वाला सिंगल रूम उस दिन मानो कोई मुराद पूरी होने जैसा था। सबने पहले खाना खाया, क्योंकि फ़ोन पर उससे पहले ही बात हो चुकी

थी तो ताज़ा खाना बना कर रखा गया था। इसके बाद कमरे अलॉट हुए। हर कमरे में दो-दो दंपति ठहरे या चार जन। मगर शीला जी ने हमें स्वतंत्र कमरा दिया। यहाँ हमने अपने फ़ोन चार्ज करके पहले बच्चों से बात की। फिर कपड़े बदल कर साफ़-सुथरे कोज़ी बिस्तर में दुबक कर सो गए। मैंने फिर नींद की गोली ली क्योंकि मन पर उस बीते दु:स्वप्न का असर गहरा था।

मैं और अंशु जल्दी उठ गये क्योंकि हमने अच्छी नींद ली थी रात को। आज हमें नेपाल और चीन अधिकृत तिब्बत की चैक-पोस्ट रसुवागढ़ी-खैरूँग पार करनी थी। मन से रात का डर मिट गया था। रात को प्रकृति का भीषण रूप देखा और सुबह? सुबह बहुत सुंदर थी।

धरती की उदारता जब भी देखती हूँ मन भर आता है। कैसे दोनों हाथों से इसने अपने मानव पुत्र को सब दे दिया और मानव ने क्या किया? हर अंचल, हर पहाड़ खूंद डाला, जब चाहा इसके हरियाए वस्त्र छिन्न-भिन्न कर दिये। धरती के अन्य बच्चों का उपयोग अपने लालच के लिए किया चाहे वे पेड़ हों कि जंतु! ऐसे में क्रोधित होकर भी तो कहाँ क्रोधित हो पाती है मां? एक रात हाहाकार कर सुबह फिर हरी गोद में दुलारती प्रतीत होती है।

सायब्रू-बेस्सी नाम का यह गाँव रसुवागड़ी सीमा पर नेपाल का अंतिम गाँव है। नि:संदेह यह विशाल हरे पहाड़ों से घिरा सुंदर गाँव था। आस-पास सघन जंगल। साथ बहती नदी...सच पूछिए तो घबराहट हो जाए ऐसी बीहड़ प्राकृतिक सुंदरता। पहाड़ मानो भींच ही रहे हों अपने अंक में गाँव को! या फिर पहाड़घरों के आँगन में ही उतरने को आतुर से लगते हों। उत्तरांचल का फूलों की घाटी का बेस-टाउन घांघरिया, नॉर्थ तिब्बत का लाचेन कस्बा याद आ गया। वहाँ भी पहाड़ एकदम सिर पर ही नज़र आते हैं। पहाड़ भी इसी हिमालय श्रृंखला के जो पानी के रिसाव से जाने कब भीतर से भुरभुरे हो जाएँ। सच पूछिए तो ऐसे गाँव-कस्बे होते बहुत सुंदर हैं। गेस्टहाउस से निकल कर हमने जंगलों से भरे दर्रों, पहाड़ों, मानसूनी झरनों और नीचे घाटी में बहती उफनती नदी पर निगाह डाली तो किताबों में पढ़ी साहसिक यात्राओं के दृश्य सजीव हो गये।

16 अगस्त 2018 की सुबह थी। पूरे दृश्य पर पेस्टल धूप सजी थी। हमारा दल ब्रेड-बटर का नाश्ता कर सायब्रू बेस्सी के इस गेस्टहाउस से बाहर

निकला। हमें रसुवा गड़ी बॉर्डर पर दो किलोमीटर पैदल ही चल कर जाना था। ताकि वहाँ इमीग्रेशन चैक-पोस्ट पर जाँच करवा कर हम चीन अधिकृत तिब्बत में प्रवेश करते। रसुवा गड़ी पहला बॉर्डर होगा विश्व का जो दो किलोमीटर पैदल चलकर क्रॉस किया जाता है। मेरा लेखक दिमाग चला कि गढ़ी से यहाँ क्या मतलब? मेरी जिज्ञासा में दम था, वहाँ त्रिशुली नदी के किनारे-किनारे एक पत्थरों की तीन किलोमीटर लम्बी पुराने खंडहरों की दीवार-सी बनी थी, यह एक किले की ही दीवार थी जो तिब्बत सीमा से लगी हुई है। 1792 में यहाँ कभी राणा डाइनेस्टी के जंग बहादुर राणा ने तिब्बतियों पर आक्रमण करने के लिए इसे बनवाया था। यहाँ तीन दिवसीय युद्ध भी चला था।

खैर आज दृश्य बदल गया है, नेपाल दीन-हीन हो गया है और तिब्बत में चीनी शासन है, नेपाल जिसके आगे हाथ फैलाए ही रहता है। हमारी नेपाली खटारा बस वहीं छूट गई थी। नेपाली कुली हमारा सामान लिए चल रहे थे। सीज़न में कमाई का यही ज़रिया है इनके लिए। उसके बाद सर्दियों में सब बंद हो जाता है।

खैरूँग बॉर्डर पर ढेर सारे ट्रक खड़े थे, जिनमें कार्टंस में सेब ही सेब भरे थे। ये सेब नेपाल होकर भारत जाने थे। मुझे अच्छा लगा कि नेपाली मज़दूर सुबह-सुबह सेबों का आनंद भी ले रहे थे। कुछ गरीब महिलाएँ...थोड़े खराब सेब बटोरने चली आई थीं। मैत्रीपुल के नीचे त्रिशुली नदी बह रही थी। आगे जाकर जिसे करनाली नदी कहलाना है। तभी मैंने वहाँ एक बस देखी जो खाली थी, मगर अजीब तरह से फूटी हुई। मानो उसमें एक मोटी चट्टान गोली की तरह एक तरफ़ से धंसी हो और दूसरी तरफ से निकल गई हो। यह मेरे लिए पहला धक्का था। हमारे शेरपा श्याम जी भी मेरे पीछे ही चल रहे थे—"देखा मैडम! यह दो वीक पहले हुआ... लोकल दस लोग मर गए।"

"आप कैसे हँस कर ऐसी बात कह रहे हैं श्याम भैया?" मैंने हैरानी जताई।

"मैडम, ऐसे ही जीता है आम नेपाली।" श्याम भैया बोले। यह उन्हीं की भाषा मानें आगे भी वे संस्कृत निष्ठ हिन्दी और एक्सेंट वाली अंग्रेज़ी बोल कर चौंकाने वाले हैं क्योंकि वे एक विज्ञ व्यक्ति हैं। एवरेस्ट यात्रियों के साथ शेरपा रह चुके हैं। उनका हिन्दी, संस्कृत पर अच्छा अधिकार है

और अंग्रेज़ी पर भी हाथ जमाने से बाज़ नहीं आते हैं। उनको नेपाल-तिब्बत का चप्पा-चप्पा पता है। चिड़ियों, झाड़ियों के नेपाली और अंग्रेज़ी नाम पता हैं। नदियों से तो उनकी रिश्तेदारी है, झीलों और पहाड़ों के पौराणिक और तिब्बती नाम भी पता हैं। राजनैतिक समझ अच्छी है। हम भाग्यशाली रहे कि श्याम जी हमारे साथ रहे। हम दो किलोमीटर चल कर लाईन से मैत्री पुल के इस पार खड़े हो गए।

नेपाल के बॉर्डर पर कागज़ात चैक करने वाले लोग टिन की टपरिया मैं बैठे थे। जबकि सामने बेहद विशाल, भव्य, आलीशान इमारत थी, नेपाल-तिब्बत पोर्ट ऑफ़ एंट्री की। ऐसा प्रतीत होता था कि एक बहुत अमीर आदमी और बलिष्ठ व्यक्ति है जिसके सामने एक बहुत दुर्बल, दीन-हीन व्यक्ति खड़ा है। सच पूछिए तो इतना पर्यटन होने के बावजूद नेपाल बुरे हाल में है, वहाँ की सत्ताओं ने देश और जनता को खूब लूटा है। गाँवों तक कोई सुविधा नहीं पहुँचने के कारण आजकल काठमांडू शहर बहुत घनी आबादी वाला हो गया है और भूकंप के बाद वहाँ की भ्रष्ट सरकार ने चीन, अमरीका और भारत से सहायता लेकर भी कोई काम ठीक से नहीं करवाया है। शहर की मुख्य सड़कों तक के बुरे हाल हैं। व्यवस्था काफ़ी खराब है। लोग जो किसान और ग्रामीण हैं वे बहुत परेशान हैं और गाँव में नहीं रहना चाहते क्योंकि वहाँ स्थितियाँ बहुत खराब हैं। सभी काठमांडू आकर बसना चाहते हैं और काठमांडू ओवरक्राउडेड (बहुत भीड़-भाड़ वाला) हो गया है।

काठमांडू की सड़क पर फँसने पर सपनीले नेपाल में होने जैसा लगता ही नहीं लेकिन जैसे ही काठमांडू से आप निकलते हैं, बहुत ही सुंदर पर्वत शृंखलाएँ आपके सामने आ जाती हैं। नाशपातियों के जंगल, पहाड़ से गिरती अनेक जलधाराएँ, कच्चे घरों की ढलवां छतों पर सुघड़ माला में लटके मकई के भुट्टे आप का मन मोह लेते हैं।

कुछ देर बाद हम लाईन बनाकर मैत्रीपुल पर अपने-अपने पासपोर्टों के साथ खड़े थे। कैलाश-यात्रा के संदर्भ में चीनी अधिकारियों की जितनी असहयोग और बदतमीजी की कहानियाँ सुनी, पढ़ी थीं, वे सब याद आ रही थीं। मैं सहमी हुई थी और अंशु का भी चेहरा सख्त था। बाकी सब गुजराती यात्री सहज थे। शायद कुछ पढ़ कर, सुनकर नहीं आए थे 'इग्नोरेंस इज़ द

ब्लिस'। हाँ शीला जी, गोपाल जी, शेरपा लोग थोड़े सजग थे। हम दोनों सीमाओं के बीच अपने-अपने पासपोर्ट पकड़े, अपने परमिट नंबर याद करके लाइन बनाए खड़े थे। हमें कहा गया था कि यहाँ घंटों इंतज़ार करना पड़ सकता है। तब तक अपने फ़ोन से बुद्ध की तस्वीरें हों तो हटा दो...दलाईलामा हुए तो भूल ही जाना अंदर जाना। अंशु अपने फ़ोन लिस्ट में से अपने कलीग्स के नाम के आगे से फ़ौजी रैंक हटाने में रात से लगे थे। क्योंकि चीनी चैकपोस्ट कस्टम वाले आपके फ़ोन के फ़ोटो, कॉन्टैक्ट लिस्ट तक चैक करते हैं। अंशु फ़ौजी आइडेंटिटी के बिना एक सिविलियन यात्री की तरह ही जा रहे थे, ताकि कोई फ़ालतू परेशानी न हो। लेकिन फ़ौजियों के तो चेहरों पर ही लिखा होता है उनका प्रोफ़ेशन।

2012 में चीन और नेपाल ने रज़ामंदी से खैरूँग 'पोर्ट ऑफ़ एंट्री' केवल व्यावसायिक आवागमन के लिए आरंभ किया था। झांगमू-कोदारी एंट्री को भूकंप के बाद बंद कर दिया गया। बाद में चीनियों ने इस शानदार खैंरूँग पोर्ट को कैलाश मानसरोवर यात्रा के लिए नेपाली और अन्य देशों के टूरिस्टों के लिए भी खोल दिया। इस रास्ते काठमांडू से सड़क मार्ग से ल्हासा भी जाया जा सकता है मगर नेपाल की सड़कें तो पहले सुधरें। कैलाश-मानसरोवर यात्रा के लिये यह नया-नया खुला है तो अभी यहाँ के कर्मचारी उतने घाघ नहीं हुए हैं। यहाँ से व्यापार-मार्ग भी वृहत स्तर पर चलता है लेकिन फिर भी सबको हिदायत दी गई कि अभी यहाँ फ़ोटो खींचने के मोह में न पड़ें...आगे चीनी फ़ौजी चौकियाँ हैं...जेल हो सकती है।

यह अच्छा हुआ कि कैलाश-मानसरोवर यात्रा अंत पर थी तो कम ही दल जा रहे थे। हमें ज़्यादा इंतज़ार नहीं करना पड़ा। आधे घंटे में हम खैरूँग कस्टम चैकपोस्ट की विशाल इमारत में थे। वहाँ तैनात चीनियों की बॉडी लैंग्वेज जेलरों जैसी थी और हमारी अपराधियों जैसी। सख्त चेहरे, कोई मुस्कान का आदान-प्रदान नहीं। हाँ हिन्दी बोल रहे थे—सलिए-आगे सलिए। ज़ल्दी-ज़ल्दी जाइए...।

हम सब जो नेपाल में हँस-बोल, गा रहे थे। बात-बात पर गुजराती साथी हर-हर महादेव कर रहे थे...यहाँ सबको साँप सूँघा हुआ था कि ये चीनी जाने किस बात पर बिदक जाएँ और कैलाश यात्रा का मज़ा किरकिरा हो...एक

व्यक्ति के संदिग्ध माने जाने पर पूरा टूर-ग्रुप खारिज। शीला जी जो दर्जनों टूर करा चुकी थीं, उनके चेहरे पर भी तनाव नुमायाँ था। हमारे फ़ोटो-बायोमैट्रिक्स लिए गये। बड़े बैग्स का एक-एक सामान स्कैन हुआ। हैंडी बैग्स का सामान जो हमारे साथ था, हमारे सामने खोला गया। सच्ची! ये चीनी कस्टम वाले भी न बड़े खुराफाती हैं—लोगों के नेपाल से खरीदे गये हर रुद्राक्ष को उसके छेद से आंख के पास ले जाकर चैक कर रहे। अंशु पीछे लाइन में खड़े उनकी हरकतों को देख रहे थे और मैं अंशु को तनाव में आते हुए। उनकी बॉडी लैंग्वेज धीरे-धीरे एक सैलानी से फ़ौजी अकड़न में बदल रही थी...। मैंने प्यार से आँखों से इशारा किया...शांत! मैं तो पार हो गई।

जब अंशु का नंबर आया तो उन्होंने अंशु की हर छोटी चीज़ चैक की...उनकी दवाओं की हर डिब्बी खोली और कपड़े सब तह खोल कर बाहर फैला दिये...और उनकी एक खूबसूरत जर्सी लहरा कर एक ने दूसरे से चीनी में कुछ कहा। अंशु का चेहरा भीतर उबलते क्रोध की पुष्टि कर रहा था... लेकिन बात बिगड़ी नहीं। शायद चीनी थोड़ी बदतमीजी करते तो गड़बड़ हो सकती थी। मैंने अंशु को कई बार शांत रहने का इशारा किया, तब बात बनी। दो घंटों में हम कस्टम से निकल कर तिब्बत में थे। वहाँ से निकल कर अंशु ने हमारे साथ नेपाल से साथ आए तिब्बती गाईड से पूछा...क्या कह रहा था वो जर्सी के लिए।

''बोल रहा था, बढ़िया है, रख लें।''

अब हम सब वेटिंग हॉल में इकट्ठे थे। मुझे महसूस हो गया था कि थ्रोट इंफ़ेक्शन हो चुका है, गले में दर्द और हरारत। मुझे जल्दी बुखार नहीं आता मगर जाने कैसे? मुझे याद आ गया कि सायब्रू-बेस्सी वाले गेस्टहाउस में पुरानी बोतलों में भरा कच्चा पानी पी लिया था...तुरंत ही मेरी तबियत खराब हो गई।

तिब्बत से आने वाली गाड़ी का इंतज़ार था। शीला जी ज़रूरी गाइड लाइंस दे रही थीं....

''ड्राइवर चायनीज़ हुआ तो उससे फ़ालतू बात नहीं करने का। चायनीज़ ड्राइवर बाथरूम के लिए रोकेगा नहीं, सो यहीं निपट लो।''

खैरूँग शहर यहाँ से बस दो घंटे के रास्ते पर था जहाँ हमें दो दिन

रुकना था। हमारे सुखद आश्चर्य के लिये हमारा ड्राइवर और उसका साथी तिब्बती थे। बहुत सौम्य...मेहनती। गाड़ी भी बेहद आधुनिक सुविधाओं से लैस, आरामदायक थी। सड़कें एकदम शानदार-सरपट। तिब्बत के चीन के कब्ज़े में होने से एक बात ज़रूर सकारात्मक हुई है, जैसे अंग्रेज़ों ने भारत में रेल-पटरियाँ बिछाई थीं और हमें बैलगाड़ियों, घोड़ों से मुक्त किया था, वैसे ही चीन ने तिब्बत के एक छोर से दूसरे छोर तक अच्छी सड़कें बिछा दी हैं।

हमारी बस में तिब्बती संगीत चल रहा था मोहक। मज़ेदार बात यह कि इस बस में एकाध गुजरातियों के प्रयास के बाद भी पैरोडी वाले गुजराती भजन नहीं चल सके। हम तिब्बती संगीत का अनंद लेते हुए चले। मेरा तो फंडा ही है कि जिस स्थान पर जाओ वहाँ के खाने और संगीत का आनंद लो।

यकीनन खैरूँग घाटी की अनछुई सुंदरता मन मोह लेती है। यह कैलाश यात्रा का सबसे मोहक पड़ाव भी है। खैरूँग तक जाने का रास्ता बेहद खूबसूरत था, सपनीले जंगल और उनके बीच से बहती फिरोज़ी आभा-सफ़ेद फेनिल झालर वाले परिधान पहने नद-पुत्रियाँ। चारागाह, फलदार पेड़ों वाले जंगल... क्षितिज छूती हिमाच्छादित चोटियाँ। चौड़ी सड़कें...सुरंगें, लकड़ी के नक्काशी किये हुए पुल, सड़क के किनारे-किनारे खिले रंग-बिरंगे कॉस-मॉस! खैरूँग बहुत ही सुरम्य शहर था, छोटा-सा, शांत सुंदर शहर। एक जैसे मकान और खाली सड़कें! शायद खैरूँग बॉर्डर खुलने के बाद आधुनिक तौर पर फिर से नया-नया बसा था। नये डिपार्टमेंटल स्टोर, नए रेस्तरां, नये सुविधाजनक होटल।

हम खैरूँग में एक बेहद शानदार होटल में ठहरे (शानदार का संदर्भ कैलाश यात्रा को लेकर है), क्योंकि हम जानते थे ऊपर परिक्रमा में हमें मिट्टी के घरों में, छोटे कमरों में पाँच-सात लोगों को साथ ठहराया जाने वाला है। वैसे ये तीन-सितारा होटल था। हम बारह बजे होटल में सैटल हो चुके थे। मेरा बुखार लगातार चढ़ता जा रहा था। साँस लेने में परेशानी यहाँ से ही आरंभ हो चुकी थी, सो अंशु ने मुझे सुबह डायमॉक्स दवा दे दी थी और अब कॉम्बीफ़्लेम खाना ज़रूरी लग रहा था। मेरी खिड़की के पार एक सेबों से लदा हुआ पेड़ था, पेड़ के पार एक हिमशिखर यूँ लगता था जैसे हाथ पकड़ कर छू लूँ। उस पेड़ के तरफ़ वाली खिड़की को मैंने अंशु को कह कर खुलवा लिया था... ठंडी हवा आ रही थी मगर मुझे भली लगती थी। उस हवा में ऑक्सीजन का

प्रतिशत कम ही था मगर सेब के पेड़ की दुआएँ अधिक थीं कि लंच के बाद खैरूँग घूमने के लिए ठीक हो गई। मेरे आवारा पैरों को बुखार भी कहाँ तक रोकता? हमारे होटल के वेटर्स, अटैंडेंट्स तो तिब्बती थे सो व्यवहार में ठीक थे। सुबह की शिफ़्ट की रूम-सर्विस वाली और रिसेप्शनिस्ट टिपिकल चीनी शुष्कता से भरे थे। कुछ कहो...बिना आँख मिलाए रूखा-सा कड़क जवाब देते—नो! कुछ पूछो—नो।

हमारे कमरे में गर्म पानी नहीं आ रहा था, थर्मोस्टेट इतना कम कर रखा था कि बस। लेकिन कोई सुनवाई नहीं, मैं ठंडे पानी से ही नहाई।

बुरा हो इस भीतर बैठी लेखक की आँख का कि मुझे जल्दी ही उस शहर की असलियत पता चल गई। होटल के मालिकान और बड़े ओहदे चीनियों के नाम थे, इस छोटे तिब्बती शहर में चीनियों ने ही सारा व्यवसाय संभाल लिया था और तिब्बतियों को कस्बे के पीछे धकेल दिया था। उनकी बस्तियाँ दूर थीं, वे हाट लगाकर व्यवसाय करते थे। सारे होटल-सारी दुकानें चीनियों कीं। वहाँ सहायक, वेटर, कुक, नौकर तिब्बती। देहात में बसे तिब्बती घोड़े हाँकते, खेती करते, श्रम करते, याक चराते हैं। खैरूँग के उस विशाल इमिग्रेशन बॉर्डर पर तैनात सरकारी अमला भी चीनी था। आप व्यवहार से समझ सकते हैं कि कौन चीनी है कौन तिब्बती। होटल के पिछवाड़े एक तिब्बती परिवार रह रहा था, जिनका सेब का बगीचा था और जिसे संयोग से किसी चीनी व्यवसायी ने छीना नहीं था। वह महिला मुझे खिड़की में देखकर मुस्कुराती थी। उसके पास दो बौने कुत्ते थे, बेहद क्यूट! तिब्बती लोग सौहार्द और सहयोग से भरपूर हैं, उनके लिए मेहमान आदर के अधिकारी हैं। मेरी उस महिला से मित्रता हुई तो गर्म पानी का बंदोबस्त तो हुआ ही, मुझे सेब और नाशपाती का एक पैकेट भी उपहार में मिला। मैंने भी उनकी लम्बी और बेइंतहाँ सुंदर बेटी को भारत से लाया एक सुंदर रेशमी स्कार्फ़ गिफ़्ट कर दिया जिस पर मोर बने थे। तिब्बती-चीनियों में आप एक दरार साफ़ देख सकते हैं। दुकानों पर बैठी चीनी लड़कियाँ बहुत ही फ़ैशनेबल और मेकअप किये हुए थीं और तिब्बती लड़कियाँ तिब्बती लिबास में प्राकृतिक ढंग से लंबी और मोहक थीं।

शाकाहारी तीर्थयात्रियों के लिए तिब्बत में खाना मिलना असंभव है। होटलों में आपको शुद्ध-शाकाहारी खुर्दबीन लेकर ही मिले तो एकाध सूप मिल

जाए। कुछ साल पहले तक ऐसे कैलाश-मानसरोवर टूर में टूर-ऑपरेटर्स अपनी खाने की सामग्री और खानसामों और सहायकों का समूह साथ लिये चलते थे। हर पड़ाव पर खाना बनता था लेकिन अब स्थितियाँ सुधरी हैं। यात्रियों के लिये तीर्थ-सेवा नाम से सात्विक भोजनालयों की शृंखलाओं को खैरूँग, सागा, मानसरोवर, दारचेन आदि में खुलने की इजाज़त मिली है।

खैरूँग में अधिकतर तीर्थयात्रियों के दल भारतीय और सात्विक खाना खाने के लिए यहाँ रसोई चलाने वाले एक उदयपुर वासी मेहता जी पर निर्भर रहते हैं।

भले ही उनकी यह व्यवस्था इन आलीशान होटलों के एकदम पीछे, बदहाल सड़क के किनारे एक बदहाल हॉल में थी। मेहता जी जैसे कई लोग इस भारतीय भोजनालय 'तीर्थ-सेवा' की व्यवस्था से जुड़े हैं और भारतीय यात्रियों को खैरूँग से लेकर सागा, मानसरोवर, दारचेन, देरापुक, ज़ुथुलपुक, आते-जाते दोनों समय भोजन उपलब्ध करवाते हैं। वह भी बढ़िया—संपूर्ण भोजन-दाल-चावल, रोटी, बाटी, इडली-सांभर, सूप, पास्ता, खीर, हलुआ, खिचड़ी, बोर्नवीटा दूध, चाय, कॉफ़ी, आपके थर्मसों के लिए गर्म पानी, क्या व्यवस्था नहीं थी वहाँ! मुझे पता था इसमें व्यवसाय के संग सेवा भी बहुत बड़ी थी वरना पहले मुसीबतें थीं अब आपके टूर एजेंट इनसे टाई-अप करके रखते हैं। मेहता जी के सहयोगी तिब्बती थे...भले युवक बड़े स्नेह से खिला-पिला रहे थे।

एक शाम मैंने और अंशु ने सोचा कि तिब्बत में हैं, यहाँ का खाना खाया जाये। कुछ तो वैजीटेरियन मिल जायेगा, सूप, नूडल्स, मोमोज़। तो हम रेस्टोरेंट्स की तरफ़ निकल गये। लेकिन वहाँ जो दृश्य मैंने देखा मेरा उस दिन खाना खाने का ही मन नहीं किया। एक रेस्टोरेंट वाली चीनी महिला जीवित बतख के पर नोच कर हैंड बर्नर की नीली लौ से झुलसा कर पका रही थी। वह दृश्य देख मेरी चीख निकलती-निकलती बची। हम उल्टे पैरों लौट गये।

लंच-डिनर के लिए होटल से मेहता जी के भोजनालय पर आते-जाते मैंने इस नवनिर्मित शहर के पीछे एक वेदना ग्रस्त तिब्बती गाँव के अवशेषों को झाँकते देख लिया था। तिब्बतियों की मजबूरी आलीशान होटलों और बाज़ार के बीच कराह उठती है इन गलियों में। शहर से विरक्त इन गलियों में

तिब्बती घरों के बाहर तरह-तरह के मसाले सूखते नज़र आते हैं। कुछ तिब्बती लोग यहाँ अपना व्यवसाय चलाने के लिए नेपाली और हिन्दी भी बोल लेते हैं। जब हम खाना खाने आते या होटल के आस-पास तिब्बती औरतें घूमती मिलतीं जो मनी एक्सचेंज कर रही थीं। सर्दियाँ आने से पहले रुपयों से युआन बदल कर कुछ पैसा कमा लेती हैं।

वैसे तो तिब्बत विश्व मानचित्र पर स्वायत्त दर्शाया जाता है लेकिन वास्तविकता यह है कि यहाँ का सारा प्रशासन चीन सरकार ही चलाती है। सभी जगह चीन के झंडे लहराते हैं और समय भी यहाँ पर चीन का ही लागू होता है। चीन और भारत के समय में ढाई घंटे का फ़र्क है लेकिन तिब्बत के समय के साथ उसका कोई तालमेल नहीं बैठता है। तिब्बत के लोग यहाँ चुपचाप रह सकते हैं, छोटी-मोटी मज़दूरी, छोटा-मोटा व्यवसाय, खेती और पशुपालन कर सकते हैं। बगावत करने वालों को अक्सर जेल क्या कई बार मृत्यु नसीब होती है। इस संदर्भ में कुछ सवाल कैलाश यात्रियों को वैष्णवी भोजन उपलब्ध कराने वाले मेहता जी के बेटे से पूछे तो उसने बताया कि 'अब कुछ तिब्बती भी चीन के सुर में बोलने लगे हैं। अब शादियों वगैरह का घालमेल भी हो चुका है। तिब्बती लड़कियाँ अच्छी ज़िन्दगी की चाह में चीनियों से शादी करने लगी हैं। जो धार्मिक हैं वो अब भी संघर्ष कर रहे... वो लोग चीनियों से बेटी-रोटी का संबंध अब भी नहीं करते।' मुझे हमारे होटल के पीछे रह रहा वह तिब्बती परिवार याद आ गया। क्या बात है कि चीनी कम्युनिस्ट होने के बावजूद तिब्बतियों के प्रति असमान ही नहीं बहुत क्रूर व्यवहार करते हैं। इस यात्रा में कई उदाहरण सामने आये।

नेपाल बहुत भरोसा करता है चीन पर लेकिन नेपाल की प्रमुख नदी करनाली पर चीन ने नेपाल के विरोध के बावजूद कई जगह बांध और बिजली परियोजना चला रखी हैं। अरुणाचल पर गड़ी चीन की निगाह के बारे में कौन नहीं जानता, रास्ते भर दिखते आए यही बाँध और बिजली परियोजनाएँ ही वजह हैं कि कैलाश क्षेत्र से निकल कर अरुणाचल पहुँचती ब्रह्मपुत्र यानी सियांग नदी में निरंतर पानी कम होता जा रहा है।

इंटरनेशनल रोमिंग के बावजूद तिब्बत में फ़ोन बंद हो चुके थे। अब कोई संपर्क नहीं था। लेकिन अंशु तो जादूगर ने कुछ-न-कुछ जुगाड़ कर

बच्चों से बात करवा ही दी थी। हमने नेपाल में एक सिम लिया था वह यहाँ चल रहा था। यहाँ आकर मुझे पता चला कि यहाँ गूगल, फ़ेसबुक, व्हाट्सऐप सब बैन है। चीन का अपना एक ब्राउज़र है, उसमें आप चीज़ें खोज सकते हो गूगल की तरह।

खैरूँग में दो दिन बिताने थे तो शांत कमरे में बैठ कर कैसे बिताते? मुझे यह पहले से पता था कि खैरूँग सिचुआन प्रोविंस का छोटा सा हिस्सा है। यहाँ 'आम्दो' भाषा बोलने वाले तिब्बती रहते हैं। 90 प्रतिशत खैरूँगवासी तिब्बती बुद्धिज़्म को मानते हैं लेकिन यहाँ आज भी दस प्रतिशत लोग प्राचीन तिब्बती धर्म 'बॉन' के अनुयायी हैं। इस इलाके में कई बुद्धिस्ट मॉनेस्ट्री हैं क्योंकि यहाँ ज़मीन बहुत उर्वरा है तो ज़्यादातर लोग खेती करते हैं। भुट्टे के खेतों की कतारें इस जगह की स्वार्गिकता को सुनहरा कर देती हैं। यहाँ की सेम की फली की बेल पर सफ़ेद-जामुनी नहीं नारंगी फूल आते हैं और वह घर की दीवार पर चढ़ी बहुत सुंदर दिखती है। इन मिट्टी और लकड़ी के पारंपरिक घरों में बंदनवार-सी टंगी भुट्टों की लड़ियाँ मन को लालच देती हैं कि इन घरों में जाकर आतिथ्य-सुख लिया जाए और पूछा जाए कि भुट्टों से क्या-क्या बनाते हैं आप लोग? भुट्टे देख मेरा मेवाड़ी मन यूँ भी मचल जाता है। पर कहाँ राजस्थान और कहाँ तिब्बत? उस पर मकई का भुट्टा बीच की कड़ी? अरे भाई मकई और चावल ऐसे खाद्यान्न हैं कि रेगिस्तान से लेकर हिमालय तक में उगते हैं। उस पर यह खैरूँग काउंटी तिब्बत के रूखे-सूखे पठार से काफ़ी नीचे स्थित है। ज़्यादातर हिस्सा ग्यारह हज़ार फ़ीट से नीचे ही है। किंतु बर्फ़ीले पहाड़ों की श्रृंखलाएँ इस शहर को घेर कर स्वर्ग सा बना देती हैं।

हमें किसी ने बताया कि यहाँ पास ही एक खूबसूरत गोम्पा है। लंच के तुरंत बाद हम वहाँ पहुँच गए। वहाँ की सीढ़ियों से सारा शहर दिखता था। मेरी हैरानी के लिए वहाँ गोम्पा-परिसर में मंदिर के बाहर रखी एक प्राचीन गणेश प्रतिमा दिखी। उनके आगे भी किसी ने फूल और बिस्किट के पैकेट रखे हुए थे। इतिहास कहता है रसुवागड़ी के बहुत आगे तक नेपाली हिन्दू राणा-राजाओं का राज्य था। उस पर बॉन और बौद्ध परंपराओं में कोई देवता अस्पृश्य नहीं। तिब्बत में भारतीयों को उन तिब्बतियों से स्नेह मिलता है, जो आज भी स्वयं

को दलाई लामा का अनुयायी मानते हैं। भारत ने भी बहुत से पहाड़ी हिस्सों में निर्वासित तिब्बतियों को ज़मीनें दी हैं। सच कहें तो खाली कैलाश-प्रदेश ही नहीं, मुझे समूचा तिब्बत बहुत आकर्षित करता रहा है। लामाओं का सुंदर, रहस्यमय देश। झूठ नहीं कहूँगी कि तिब्बत को चीन का हिस्सा मानते हुए मुझे आपत्ति होती है। तिब्बत चीन के साम्यवाद से तकलीफ़ पाते हुए लंबा समय बिता चुका है। तिब्बतियों के संघर्ष को काफ़ी लम्बा समय बीत चला है।

अब तलक मेरी प्रकृति भी मेघ समान हो चली थी! 'हर राह पे रुकना है हर छत को भिगोना है।' सो मेरी उत्सुकता चरम पर थी कि इन तिब्बती लोगों से बात की जाए क्योंकि मुझे होटलों, दुकानों पर तो एकाध महिला को छोड़ ज़्यादातर शुष्क चीनी ही मिले।

खैरूँग के मुख्य बाज़ार के पीछे तिब्बतियों को हाटनुमा बाज़ार लगाने की इजाज़त थी। हम वहाँ पहुँचे...मैंने देखा गुजराती समूह वहाँ खूब सौदे पटाता हुआ पहले से मौजूद था। तिब्बती हँस-हँस कर मूल्य तय कर रहे थे। मुझे भी लगा कि मुझे अपनी ज़रूरत की चीज़ें इन्हीं से खरीदनी चाहिए, बजाय चीनियों के। एक तो ये हिन्दी समझ और बोल पा रहे थे, दूसरे मुझे इनको आर्थिक संबल मिलते देख खुशी होती। मुझे अपने लिये एंकल बूट खरीदना था ताकि आगे यात्रा में बर्फ़ में चल सकूँ।

मेरे अनुमान की पुष्टि इस हाट में मुझे एक तिब्बती युवक ने संकेतों में की कि नेपाल-तिब्बत सीमा के इस शहर में दूरस्थ इलाकों से चीनी चले आए हैं और सारा कैलाश-पर्यटन से मिलने वाला आर्थिक लाभ का अनुपात अब उन्हीं के पास जाता है। पहले कैलाश यात्रियों के टिकने के लिये तिब्बती ही खूब साफ़ और आरामदेह मड हाउसेज़ उपलब्ध करवाते थे, जहाँ कैलाश-यात्री बाखुशी ठहरते थे। इनकी कमाई हो जाती थी। अब बड़े-बड़े होटल आ गये हैं, यहाँ के रेस्टोरेंट्स भी चीनी लोग चलाते हैं। कैलाश यात्री केवल भारतीय ही नहीं होते, जापानी-कोरियन भी कैलाश परिक्रमा हेतु दल बाँध कर आते हैं। मैं सन्न थी और वह मुझे जूते दिखाने लगा।

''मैडम, ये शूज़ कैलाश में अच्छा...लाईट्वेट...'' मेरे पास ट्रेकिंग शूज़ तो थे लेकिन जब मैंने वो जूते पहने तो मुझे सच में बहुत हल्के और अच्छे लगे और वे एंकल से ऊपर तक थे सो बर्फ़ और पानी से भी बचाव कर सकते

थे। मैंने थोड़े दाम कम करवा कर खरीद लिये वह मुस्कुराया। गुजरातियों ने वहाँ खूब शॉपिंग की। शीला जी बोलीं—"मनीषा जी, ये तिब्बती अच्छे लोग होते हैं चीनियों से...मैं अपने ग्रुप को यहीं शॉपिंग पर लाती हूँ।" यानी यह बात हमारी टूर ऑपरेटर शीला जी भी जानती थीं।

सत्रह अगस्त को सुबह ब्रेकफ़ास्ट के बाद हमें सागा के लिये निकलना था। यह ड्राईव पूरी सात घंटे की थी। खैरूँग से विदा लेना बुरा लग रहा था, मगर यह बस एक पड़ाव ही तो था, आज भी संस्मरण लिखते हुए वह शहर मन में हूक जगा गया है। खैरूँग शहर के बाहर निकल कर भी चतुर्दिक बर्फ़ीली पहाड़ियाँ थीं, और निचली पहाड़ियाँ एकदम हरी-भरी, गोद में झरनों को खिलाती-सी! जंगलों में फलों के पेड़...हवा में झूमते हुए। बीच-बीच में कोहरे का रहस्य। गाँव आते तो जहाँ-तहाँ सीढ़ियों वाले खेतों के पीछे सुंदर बौद्ध पेंटिंग से सजे मिट्टी के घर, बौद्ध मंदिर दिखने लगते...बाकी जंगल और चारागाह।

हिमालय श्रृंखला की दक्षिणी सतह और उत्तरी सतह का अंतर आपको तिब्बत में प्रवेश के साथ ही दिखने लग जाता है। एक ओर मनोरम जंगल, दूसरी ओर वीरान पर्वत और भूरे पठार। खैंरूग में बांस, सरु के वृक्षों पर नाना प्रकार के लता-गुल्मों का जाल तना था। पहाड़ी रास्तों का आनंद हम खैरूँग आते हुए और लौटते में खैरूँग के पास आते-आते ही ले सके। एकदम दूधिया झरने, फ़ीरोज़ा और पन्ने के रंग की नदियाँ, फूलों भरे घास के लंबे-लंबे टुकड़े। जंगली बैरीज़ की झाड़ियाँ। कहीं-कहीं चट्टानों पर पीले जंगली प्रिमरोज़ के फूलों के बीच नीले रंग के पॉपी फूल खिले दिख जाते थे। खैरूँग से ऊँचाई बढ़ने पर पर्वतों पर लंबे पेड़ों के जंगल लगभग खत्म हो गए थे। नीली पॉपी हिमालय के आँगन में ही खिलती है। एक साल पहले मैंने इसे फूलों की घाटी में देखा था। पुस्तक 'तिब्बत : इस संसार से परे' (लॉवेल थॉमस जूनियर) में इस पुष्प के बारे में लिखा है। (पृ. सं. 49)

'किंगडन वार्ड नामक व्यक्ति ने बीस वर्ष की उम्र में तिब्बत में दो वर्ष बिताए थे, और वह वहाँ से यह पौधा ले गया था। यहाँ की यात्रा के संबंध में उसकी प्रथम पुस्तक का नाम था 'द लैंड ऑफ़ ब्लू पॉपी'। इस शीर्षक की किताब को पढ़ने का मन हो आया जो तिब्बत की बायोडायवर्सिटीज़ (जैव

विविधता) पर लिखी गई थी, बहुत-बहुत पहले जब देश आज़ाद भी न था। मुझे तिब्बत की जैव विविधताओं के दर्शन लगातार हो रहे थे। खैरूँग के घने जंगल जहाँ तरह-तरह के पक्षी थे, तरह-तरह के फूल खिले थे।

खैरूँग से थोड़ा आगे निकलने पर मानो कोई सपना ही खत्म हो गया! पहाड़ियाँ बौनी हो गईं और सीधे-सपाट चारागाह नज़र आने लगे, उनके पीछे दूर पर्वत श्रेणियाँ सुंदर फ्रेम बना रही थीं। ऊँचाई और बढ़ने लगी तो ये दृश्य भी पीछे छूटने लगे। फिर अचानक एकदम भूरे-सलेटी नंगे पहाड़ों वाला रास्ता शुरू हो गया। पहाड़ों को देखो तो उनमें लम्बी गुफ़ाएँ, गलियारे दरकते पत्थर। अजीब भूरे और काले पहाड़ों की वह शृंखला जिसे देख कर लगता था कि किसी और सुनसान ग्रह पर चले आए हैं क्या? जहाँ मीलों-मील ये रूखे सलेटी-काले भुरभुरे पहाड़ हैं या कि नीचे नागिन सी फुफकार कर बहती नदी। नीरसता तोड़ने को इन पर्वतों पर कहीं-कहीं छोटे पौधे दिखाई देते जिन पर पीले या जामुनी फूल खिले दिखते थे।

जैव विवधता के मामले में तिब्बत अनूठा है। लम्बे धूल भरे पथरीले रेगिस्तान आए तो वहाँ भूरे-लाल फर वाली लोमड़ियाँ दिखने लगीं। पेड़ पीछे छूटे तो उन नंगे पर्वतों पर जामुनी फूलों वाली घास दिखने लगी। तिब्बत को हम सब भूगोल की किताब और मध्य एशिया के मानचित्रों में संसार की छत के नाम से देखते आए हैं। इन सूखे मटमैले पर्वतों पर जामुनी फूलों के गुच्छे जगह-जगह रखे थे। जैसे कोई आकर उन पर्वतों को थोड़ी सी हरियाली उपहार दे गया हो। बाकी भूरे पीले-काले पत्थरों वाले उन पर्वतों पर कुछ नहीं उगता था। गुस्से में हहराती एक विशाल नदी जो हमारे विपरीत बह रही थी, न जाने कितनी नदियों का समूह थी। शायद यह कैलाश से आती थी, श्याम भैया ने इसका नाम गंधकाली, करनाली नदी बताया जिसे काली गंडकी भी कहते हैं। कहीं-कहीं दूर बर्फ़ीली चोटियाँ अभी भी दिख रही थीं। सूखा-सा मौसम! कभी तेज़ धूप निकल आती तो कभी बर्फ़ीली हवा चलने लगती। बार-बार जैकेट उतार देती। अंशु खीज रहे थे। मैं सीट भी बार-बार बदल रही थी। मैं ऐसी ही हूँ, टिक कर बैठ नहीं सकती।

साथ चलती नदी द्वारा बार-बार अपने किनारों को इस तरह काटते पाकर चीनी सरकार ने वहाँ पेड़ लगाने की शुरुआत कर रखी थी मगर नदी इतनी

भीषण थी कि वह छोटे-छोटे पेड़ों को उठाकर ले जा रही थी।

सागा के इस शुष्क-ठंडे रेगिस्तानी रास्ते में ऊँचाई और सर्द-गर्म से सिर में चक्कर से आने लगे। इतनी ऊँचाई पर और घेर-घूमेर के साथ मैं पहली बार यात्रा कर रही थी। दूर से काले रिबन सी दिखतीं इन पतली सड़कों पर बस में चलते हुए खाइयों पर नज़र डालना ही गुनाह मालूम होता था। सीधी गरदन किये नाक की सीध में देख रही थी मैं। बस में लोगों की तबियत बिगड़ने लगी थीं। हम तो नियमित डायमॉक्स खा रहे थे गर्म पानी पी रहे थे। शीला जी लगातार सबका निजी तौर पर ख़याल रख रही थीं—पानी पीते रहो। हमारे गुजराती साथियों के थैलों में इतना नाश्ता था, और स्वयं शीला जी इतना खाने का सामान लेकर खिलाते-पिलाते चल रही थीं कि जब बीच में हम लंच के लिए रुके तो भूख ही मर चुकी थी। मगर उनका नारा—जो खाना खाएगा, वो कैलाश जाएगा। हम सबको पेट भरा रखने पर मजबूर कर रहा था। गर्म पानी पी-पी कर मेरा जी अब ऊपर को आने लगा था। मूत्रवर्धक दवा डायमॉक्स और लगातार जल सेवन से हम हर घंटे में बस रोकते उन सपाट मैदानों में कहीं कोई चट्टान और पेड़ नहीं था। मैं जींस पहनने वाली, मुझे बहुत सपोर्ट रहा डिस्पोज़ेबल 'पी-फ़नल' का। बस थोड़ा दूर वॉक करना पड़ता था, मगर इस बहाने मेरी उन पहाड़ी वनस्पतियों से मित्रता हो गई। जो हर दूरी पर जामुनी-गुलाबी-पीले फूलों संग खिल रही थीं। ऐसा लगता था मानो थोड़ी-थोड़ी दूरी पर कोई गुलदस्ते रख गया हो। ये जामुनी वाले डेज़ी जैसे फूल तो नंगे भूरे पहाड़ों पर भी सजे थे। एक सौंफ़ के पौधे जैसा सफ़ेद-सलेटी टहनियों-पत्तियों वाला पौधा था जो भीनी-भीनी सुगंध दे रहा था। मैं तोड़ लाई और जेब में रख लिया। बाद में श्याम जी ने बताया कि वह पहाड़ पर चढ़ने वाले शेरपा जेब में रखते हैं, सौभाग्य का प्रतीक, खतरों से बचाता है।

ऐसे ही एक जगह मैं वॉक करके दूर एक धारा के पास गई तो मुझे काली गरदन वाले सारसों का एक झुंड वहाँ एक पतली धारा के पास चुगता दिखा। मैंने फ़ोन से फ़ोटो ले लिए। यह सारस बौद्ध धर्म में बहुत पवित्र माना जाता है। भूटान में तोक्रेन-फ़ेस्टिवल होता था। हमें इस रास्ते में पीकू ताल व ब्रह्मपुत्र नदी मिली, शीशा पर्वत शृंखला दिखी जो विश्व की चौथी सबसे ऊँची पर्वत शृंखला है। यह 26300 फ़ीट ऊँचाई पर है। एक अजीब सा क्रम

चल रहा था भूरे पहाड़ खत्म होते कि चारागाह शुरू हो जाते। बीच-बीच में याक और जंगली घोड़े भी दिखाई दे जाते थे। दूर चरती भेड़ें ऐसी लगतीं मानो बादलों के टुकड़े ज़मीन पर उतर आए हैं। थोड़ा और ऊपर उठने पर फिर धूसर पहाड़ों का रास्ता।

शाम होते-होते हमारा अगला पड़ाव सागा आ गया था जो समुद्र सतह से 15000 फ़ीट ऊँचाई पर स्थित था। सागा में हम जैसे ही प्रविष्ट हुए एक अजीब सा दृश्य मुझे दिखा—एक विशालकाय तिब्बती पुरुष खुली गाड़ी में याक को सिर सहित काट कर सजाए हुए था। लोग आकर उसका मांस खरीद रहे थे। मैं ऐसे दृश्यों से विचलित हो जाती हूँ। याक का विशालकाय सींगों वाला सिर गाड़ी की छत पर रखा था। याक बहुत भोले जीव होते हैं, उस पर तिब्बतियों की जीवन-रेखा हैं याक! भोजन, वस्त्र, ईंधन...बिछावन, खाद, बोझा ढोने किस काम नहीं आता यह जीव।

सागा में 'होटल सागा इंटरनेशनल' बहुत अच्छा होटल था, मल्टीस्टोरीड और लिफ़्टवाला। यहाँ एक साथ पाँच-सात कैलाश तीर्थयात्रियों के दल ठहरे थे। कोई आ रहा था तो कोई जा रहा था। कुछ लौटने वाले यात्री अपना सामान—ऑक्सीजन सिलेंडर, वॉकिंग स्टिक्स आगे जाने वाले यात्रियों को सस्ते में बेच रहे थे। कुछ उदार मुफ़्त ही दे रहे थे। हम दोनों अव्यावहारिक, संकोची इस खरीद-फरोख्त में पीछे रह गये जबकि हमें एक ऑक्सीजन सिलेंडर तो लेना ही था।

यहाँ पर भी होटल के परिसर में ही तीर्थ-सेवा भोजन की सुविधा थी। वहाँ पहुँच कर हमने सूप और ब्रेड खाई और अपने कमरों में आराम करने चले आए। यहाँ अच्छी जमा देने वाली ठंड थी। कुछ देर हम बिस्तरों में घुसे रहे फिर ऑक्सीजन सिलेंडर खरीदने के लिए एक डिपार्ट्मेंटल स्टोर तक गये। ठंडी हवा टोपी के भीतर भी बींध रही थी मेरे कानों को। यहाँ भी बाज़ार में चीनी वर्चस्व। डिपार्टमेंटल स्टोर से हमने ऑक्सीजन सिलेंडर और वैज नूडल्स के नाम पर मिर्ची में पके नूडल्स का रेडी टू मेक कप लिया। वह इतना मिर्चीदार था कि पूछिए मत। सागा में आस-पास चपटे पठार और बाज़ार के अलावा कुछ नहीं था। कुछ मील दूर पर शिगास्ते अलबत्ता एक देखने लायक शहर था, मगर दल से अलग कुछ भी संभव नहीं था।

खाना खाकर मुझे अहसास हुआ कि यहीं अच्छी तरह नहा कर सो जाना चाहिए, अगली सुबह और आगे मानसरोवर में नहाना संभव ही नहीं होगा। मैं अंशु के मना करने पर भी शैंपू कर बैठी। बिस्तर में घुसी तो कंपकंपा रही थी, मेरी किस्मत से वहाँ इलेक्ट्रिक ब्लैंकेट था, जिसे ऑन कर अंशु ने मुझे गर्म चाय पिलाई तो राहत मिली। किसी तरह वहाँ इंटरनेट एक्सेस किया तो बच्चों से बात हो गई, क्योंकि इसके आगे बच्चों से संपर्क एकदम टूटने वाला था।

अठारह अगस्त के दिन सुबह नाश्ते के बाद हमारा दल सागा से दारचेन की ओर चला। यह भी काफ़ी लंबा और लगभग 250 किमी का सफ़र था। रास्ते भर बरसात होती रही। रास्ते में कुछ जगह नदी ने सड़क तोड़ दी थी तो रास्ते बदलने भी पड़े। यहाँ भी वही धूसर बियावान पहाड़ों का रेगिस्तान पड़ा और कहीं-कहीं दूर तक फैले चारागाह। इसी रास्ते में 'डियुमला पास' को हमने पार किया जो 17050 फ़ीट की ऊँचाई पर है। जो तिब्बत के पठार में ड्राइविंग का अंतिम सबसे ऊँचा स्थान है। यहाँ आकर तिब्बती ड्राइवर ने ज़ोर का नारा बुलंद किया—सोस्यो...सोस्यो। जवाब में शीला जी, श्याम भैया और एक तिब्बती गाईड ने उत्तर दिया—सोस्यो-सोस्यो...फिर हमसे कहा बोलो—सोस्यो-सोस्यो। दरअसल तिब्बती किसी भी दर्रे से गुज़रते हैं—एक खूबसूरत लय में ज़ोर से चिल्लाते हैं—सोस्यो...सोस्यो...

हम सब रुक-रुक कर, शरीर का अनुकूलन कर-करके इस ऊँचाई तक आए थे मगर फिर भी सभी यात्रियों को सर भारी, चक्कर आने, भूख कम लगने की समस्या का सामना करना पड़ रहा था। मेरी भूख कम नहीं हुई थी लेकिन मैं जानबूझकर कम खा रही थी। मैं और अंशु जहाँ बस रुकती हमेशा आस-पास धीरे-धीरे टहलते हुए बाहर जाते थे क्योंकि आने वाले कई दिन हमें इसी ऊँचाई पर और इसी वातावरण में बिताने थे बल्कि और भी ऊपर चलना था। रास्ते में मचलती हुई ब्रह्मपुत्र नदी हमारे साथ थी।

सागा से परियांग पास आने पर रास्ता चारागाहों और छोटी नद धाराओं के मनोरम दृश्यों में बदल जाता है। श्याम जी ने बताया कि आगे हनुमान लेक, अप्सरा ताल आदि रास्ते में पड़ेंगे। मेरी आँख हरे चारागाह देखने से थकती नहीं थी जिन पर जंगली घोड़े दौड़ते और याकों के झुण्ड चरते दिख रहे थे। दूर हरी पहाड़ियों पर भेड़ें बादलों के बच्चों-सी घूमती दिखतीं। दूर क्षितिज

पर जो विशाल पहाड़ दिख रहे थे, उन पर वनस्पति नहीं दिखती थी। या तो केवल काले पहाड़ थे या उन पर बर्फ़ जमी थी।

जब हमारी बस नदी या किसी ताल के पास या बीच के पुल से गुज़रती तो वहाँ सुगंधित घास, चट्टानों के बीच उगे पौधों पर गुलाबी-लाल फूल उगे दिखते। जलधाराओं में किलोल करते जलपांखी और समूहों में कूँजन करते काली गरदन वाले सारस बस से उतर आने को आमंत्रित करते। श्याम भैया ने रास्ते में अप्सरा ताल, हनुमान ताल दिखाए। हनुमान ताल का दूसरा नाम पिगुत्सी लेक है। यह बहुत देर तक बस के साथ बना रहता है। श्याम भैया रास्ते भर मुझे नेपाल-तिब्बत का भूगोल समझाते रहे...वो उधर वहाँ से 300 किमी पर ऐवरेस्ट बेस कैम्प आ जाता है। उधर उस पहाड़ी के पार एक ऐसा गाँव है जहाँ केवल पाँच घर हैं। वो नदी आगे जाकर नेपाल पहुँच जाती है और उसमें शालिग्राम मिलते हैं। वे रास्ते भर इसी तरह की कहानियाँ सुनाते चल रहे थे।

हमारे गुजराती साथी अब पूरे भक्तिभाव में थे। शिव की जितनी प्रचलित कथाएँ थीं चल रही थीं। बीच-बीच में बर्फ़ ढकी पर्वत श्रृंखलाएँ दूर और निकट आती दिखती रहीं, कोई-कोई पर्वत कैलाश का छोटा भाई सा लगता।

शाम 4 बजे हम परियांग पहुँच गये। दूर से हमें ओम पर्वत भी दिखा। लिपुलेक दर्रे की तरफ़ से आते तो ओम पर्वत को और निकट से देख सकते थे। यहाँ भी एक चैकपोस्ट था जहाँ हमें अपनी बस बदलनी थी। यहाँ आकर अहसास गहरा गया था कि चीन सीमा में आप दोयम व्यक्ति हैं। यह उनकी ज़मीन है आप उनकी मर्ज़ी से ही किसी स्थान पर उतर सकते हैं। कुछ दूर पर हमें एक गोम्पा दिख रहा था। चीन में आप हैं तो उनसे न्यूनतम सहयोग की अपेक्षा करें।

हमारे दल के वृद्धों ने इस अदला-बदली में एक घंटा व्यर्थ कर दिया। हमें समय से इलेक्ट्रिक बैटरी वाली बस में बैठ कर 'मानसरोवर' की 90 किलोमीटर परिक्रमा पर निकल जाना था। ताकि पर्याप्त रोशनी में मानसरोवर और राक्षस ताल देख सकें। उस पर कोढ़ में खाज यह कि हमारी यहाँ तक की बस वाला ड्राइवर माइकल डॉनजुआ तो बहुत खुशमिजाज़ व्यक्ति था। ये बैटरी बस वाला चीनी ड्राइवर खड़ूस था। उसके कहने पर शीला जी ने सभी

यात्रियों को हिदायत देनी शुरू की कि—"आजकल मानसरोवर झील में कपड़े छोड़ना और डुबकी लगाना मना है। चीनी पहरेदारों ने पकड़ा तो बॉर्डर पार छोड़ेंगे। हाँ भारी जुर्माना लेंगे नहीं तो जेल। जल में कुछ नहीं फेंकना है, बस आचमन करो और छींटे मार लो। कल सुबह मानसरोवर के दूसरे छोर पर वहाँ एक कैम्प है वहाँ बाल्टी लेकर नहा सकते हैं। वहीं हवन भी कर सकते हैं।"

यात्री भुनभुनाने लगे कि पहले तो ऐसा नहीं था अब ऐसा क्यों। मगर मुझे यह नियम बहुत भला लगा। हमारा तिब्बती गाईड बोला—"दो साल पहले दस ट्रक भर के कपड़े-प्लास्टिक निकाले हैं, चीन ने मानसरोवर लेक से।"

मैंने गहरी साँस ली, अच्छा मानसरोवर झील हमारे भारत में होती या नेपाल में तो हिन्दुओं ने इसको नाला बना दिया होता। पाप कम धोते, गंद अधिक डालते, बताओ कपड़े डालने का क्या अंधविश्वास है? प्रयाग में संगम में लीटरों दूध डाल कर एक घाट तो सड़ांध मारता हुआ कर दिया है! कोई सरकार ऐसे कड़े नियम बनाने में सक्षम नहीं कि इन अंधविश्वासों को बंद करवाए! इस पल मुझे चीन सरकार का यह फ़ैसला एकदम सही लगा।

इस ड्राइवर ने हमारे दल को शिव स्तुतियाँ करते देख खूब ज़ोर से चीनी गाने चला दिए। जो मॉडर्न गाने थे आधुनिक रॉक मिश्रित वरना चीनी संगीत तो बहुत सुमधुर लगता है। परियांग के दक्षिण में गुरलामंधाता पर्वत शृंखलाएँ दिखाई दे रही थीं। गुरलामंधाता की पहाड़ियाँ बहुत सुंदर लगती हैं। ब्रह्म मुहूर्त में ये पर्वत-मालाएँ हिम-अवगुंठन में मानो मानसरोवर के दर्पण में मुख देखती प्रतीत होती हैं। तिब्बतवासी इन्हें 'मेमो नाम्याल' कहते हैं। थोड़ा हम आगे चले तो उत्तर दिशा में 'कैलाश' ने पहली झलक दिखाई। श्वेत पिरामिडनुमा! बस में गहमा-गहमी बढ़ गई। सब उत्तर दिशा वाली खिड़कियों पर लद गए।

'जय भोले नाथ!' जयकारा लगा। मैं मंत्रमुग्ध दूर बहुत दूर दिखते कैलाश के गोरे तराशे स्वरूप को देखती रही। फिर जल्दी ही बादलों ने पर्दा डाल दिया। कुछ किलोमीटर सपाट भूरी भूमि पर बस के चलने के बाद अद्‌भुत 'मानसरोवर' झील के दर्शन हुए। अनोखी वनस्पतियों से किनारों से सजी यह झील सूर्यास्त निकट जान नील-लोहित दिख रही थी। गुरलामंधाता का श्वेत बर्फ़ीला फ्रेम...यह दृश्य अलौकिक था। समुद्र तल से मानसरोवर की ऊँचाई भी लगभग 15000 फ़ीट है। यह मान्यता है कि मानसरोवर ब्रह्मा के मानस

से उत्पन्न हुई झील है। तिब्बत में इसे 'त्सो माफम' कहा जाता है। यह 90 वर्ग किलोमीटर में फैली थी। कहते हैं न कैलाश की तलहटी में कल्पतरु है मगर सच तो यह है कि खैरूँग से ऊपर आने पर मानसरोवर के रास्ते में और आस-पास कहीं कोई वृक्ष नहीं है। इस क्षेत्र में छोटी घास और अधिक-से-अधिक सवा फ़ीट तक ऊँची उठने वाली कुछ झाड़ियों और जामुनी-फूलों वाली कड़क घास को छोड़कर और कोई पौधे भी नहीं हैं।

मन कर रहा था बस से उतर जाएँ। मानसरोवर का सौंदर्य उतर कर निहारें। बस की खिड़कियों से ही मानसरोवर में तैरने वाली सफ़ेद और सुनहरी बतखों को निहारना और ब्राउन हेडेड गल्स (brown headed gulls) पक्षियों की क्रीड़ा देखना बहुत अच्छा लग रहा था। बीच-बीच में किनारे की घास में खरगोश हमारी नज़रों से बचने के लिए दौड़ लगाते हुए कई बार दिखाई दिए। एक जगह पर जाकर चीनी ड्राइवर ने बस रोक दी। गुजराती दल 'हर हर महादेव' कर झील की तरफ़ दौड़ा मैंने और अंशु ने अपने कैमरे निकाले। गुरलामंधाता पर्वत, मानसरोवर के ढेर सारे फ़ोटो लिए। दूर क्षितिज पर कैलाश फिर दिखे हमने फ़ोटो लिए। उसके बाद अपने रुद्राक्ष मानसरोवर जल में सिक्त किये। कितना ज़िन्दा जल था। जलीय वनस्पति, मछलियाँ तिर रही थीं, बार हेडेड गूज़ (bar headed goose), रडी शैलडक (ruddy shellducks) जिसे हम सुर्खाब कहते हैं सतह पर आनंद मगन थे। हमने आचमन किया, थोड़े छींटे मारे और जल के निकट बैठ गए। तभी चीनी गाईड चिल्लाया—नो! हमने देखा एक गुजराती काका पानी में 'जय भोलेनाथ' कह कर डुबकी लगा चुके थे। उनकी देखा-देखी अध्यापिका बहनों ने टूर ऑपरेटर की दी हुई जैकेट समेत पानी में डुबकी लगा दी थी। एक सत्तर साल के बुढ़ऊ को उनकी अपेक्षाकृत जवान पत्नी ने पानी की बोतलें भर-भर वहीं स्नान करा दिया। मैं और अंशु मुँह खोले आस्था के इस दीवानेपन को देख रहे थे। शीला जी उनको गुजराती में धीमे-धीमे डांट रही थीं। अभी सत्तर किलोमीटर परिक्रमा बाकी थी, शाम ढलने जा रही थी। ठंड बढ़ गई थी। वो ग्रामीण काका-सा तो स्मार्ट निकले उन्होंने खुद को पौंछ कर कपड़े बदल लिये। मगर वो दो बूढ़ी अध्यापिकाएँ थर-थर काँपने लगीं उन्होंने कपड़ों की कई सतहें भिगो ली थीं और उनके पास अब बाहर कपड़े नहीं थे। खाली पतले कुर्ते में भीगे इमीटेशन ज्वैलरी

के व्यवसायी ठंड में भीगे बैठे थे, उनकी पत्नी बगल की महिला से गप्पें मार रही थीं। शीला जी अपनी व्यथा मुझ पर व्यक्त कर रही थीं—"इनको कितना ही समझाओ..."

आगे राक्षस-ताल आया वहाँ भी बस रुक गयी। हम कुछ देर रुके और दूर से ही राक्षस ताल को निहारने लगे। हवा यहाँ बहुत तेज़ थी। मेरे कान तो ढके थे, कभी कान न ढकने वाले अंशु को जैकेट का हुड ऊपर करना पड़ा। श्याम भैया रावण और शिव की कहानी सुनाने लगे। अंशु थोड़ा आगे जाकर फ़ोटो खींचने लगे। सूखी पठारी लाल-मिट्टी और ऊबड़-खाबड़ पत्थरों वाले किनारों पर फेन उगल रही थी झील। इसका एकसार नीला रंग एक नीली रोशनी को जन्म दे रहा था। राक्षस-ताल की सुंदरता का कोई सानी नहीं।

वहाँ कोई जीवन की हलचल नहीं थी। कहते हैं यह पानी विषाक्त और मृत है। इस तट पर रंग-बिरंगे पत्थर और कभी-कभी स्फटिक के छोटे टुकड़े ज़रूर दिख रहे थे। कितनी अजीब बात है ना एक ही धरातल पर आस-पास दो झीलें एक तरफ़ मानसरोवर, दूसरी तरफ़ राक्षस-ताल और इनके जलस्रोत एक ही हैं कैलाश। मानसरोवर का जल ही राक्षस-ताल में आता है एक नदी से जुड़ कर जिसे गंगाछू नदी कहते हैं। इसे हम कैलाश गंगा भी कहते हैं। राक्षस-ताल में जल कैलाश से आता है किंतु दोनों झीलों में कितना फ़र्क! मानसरोवर का जल मीठा जिसमें यात्री स्नान करते हैं, तर्पण करते हैं और उसके जल को अपने साथ ले जाते हैं। जबकि राक्षस ताल-का जल कहते हैं कि नमकीन है और यात्री उसके जल को छूते तक नहीं।

राक्षस-ताल के जल की और रावण की कई कथाएँ हैं, तीन मुख्य उनके लिए जो इनसे अनभिज्ञ हैं...तभी तो कालिदास कहते हैं कि 'चटक उठी थीं जिसके शिखरों की संधियाँ / दसकंधर रावण की बीस बाँहों में कसकर'

लेकिन कालिदास जिस कथा की ओर इशारा कर रहे हैं वह मूल कथा तो यह है कि रावण ने यहाँ तपस्या की और शिव जी से अतुलनीय बल मांग लिया। बल पाकर रावण कैलाश को ही उठाकर चला तो शिव ने पाँव के अंगूठे से दबा दिया कि रावण को पाताल में भी पैर टिका कर खड़े रहना कठिन हो गया। घबरा कर उसने कैलाश को वापस रख दिया। इसीलिए कहते हैं कि कैलाश पर जो सीढ़ीनुमा आकृतियाँ हैं वे रावण के दस कंधों के निशान हैं।

दूसरी कथा यह है कि तपस्या के पश्चात् शिव के समक्ष स्तुति से पहले रावण ने इस जल में डुबकी लगाई और ऐसा दिमाग फिरा कि पार्वती को ही मांग लिया था। किंतु क्रोधित शिव ने पार्वती के लिए बनाई स्वर्णनगरी लंका देकर इस राक्षस-राज से पिंड छुड़ाया था। इसका अर्थ यह कि यह ताल बुरी प्रवृत्तियों का जनक है।

इसी कथा का नेपाली स्वरूप श्याम जी सुना रहे हैं...कहते हैं पहले कैलाश पर्वत स्वर्ग में था। रावण इतना बड़ा शिव भक्त था कि उसे साक्षात् शिव की स्तुति करने की आकांक्षा जागी। उसने तपस्या की और भोलेनाथ से कहा कि आप मेरे साथ लंका चलें। भोलेनाथ बोले मैं कैलाश से तो उतर कर कहीं नहीं जा सकता। तो रावण ने कैलाश को अपनी दस भुजाओं में जकड़ा और चला धरती पर। शिव बोले देख, इसे लिए तो चल रहा है मगर पहली ही बार जहाँ रखेगा वहीं रह जाएगा कैलाश। जब रावण चला लेकर कैलाश, लेकिन हिमालय पर आकर उसे लघुशंका निवारण की आवश्यकता हुई, जैसी कि हर कोई ऊँचे पहाड़ों की इस समस्या से जूझता है कि डायमॉक्स खाओ और बार-बार लघुशंका के लिए भागो। जोक्स अपार्ट...शिव को हिमालय प्रिय था, माँ भवानी का तो मायका ही था। वहीं शिव जी ने एक चमत्कार से रावण को लघुशंका के लिए विवश कर दिया। रावण ने कैलाश को रखा इन सुनसान पठारों के बीच और निवृत्त होने लगा। बस तब से यहाँ राक्षस-ताल बना और कैलाश हिमालय में अवस्थित हो गया।

आप अगर संपूर्ण आकाशीय दृश्य देखेंगे तो पाएँगे कि पवित्र मानसरोवर और राक्षस-ताल के बीच कैलाश एक आध्यात्मिक संतुलन है। कहते हैं कि राक्षस और देव दोनों हमारे बीच रहते हैं और कैलाश उसके बीच की एक चेतना है जो हमें जगाए रखते हैं। तिब्बत अवस्थित कैलाश पर्वत को पूरा विश्व रहस्य कहता है। कुछ इसे प्राकृतिक अजूबा कहते हैं तो कुछ मनुष्य द्वारा बनाई गई षट्कोणीय पिरामिड रचना। यह भी कि आज तक केवल मिलारेपा के अलावा कोई कैलाश पर्वत पर नहीं चढ़ सका, जबकि एवरेस्ट से ऊँचाई कैलाश की कम है। एक जर्मन ने कोशिश की तो बर्फ़ की आंधियों में मारा गया। लोग तो यह भी बात कहते हैं कि कैलाश पर 2 सप्ताह महज़ 24 घंटे हैं। इस कारण कैलाश पर उम्र बहुत जल्दी बीतती है। अब इसका आशय क्या

है यह समझ नहीं सकती लेकिन हो सकता है ग्रेनाईट से बने कैलाश पर्वत में ऐसे विकिरण हों जो आपको जल्दी बूढ़ा कर देते हों? लेकिन हम भारतीय कोई असमंजस नहीं पालते। सारे रहस्य लॉर्ड शिवा के खाते में डाल देते हैं और खुद बरी हो जाते हैं कि जहाँ शिव है वहाँ रहस्य तो होंगे ही। अघोरी, अवधूत महादेव जहाँ रहेंगे, वहाँ आम आदमी कैसे जा सकता है? तमाम काले पर्वतों के बीच हिम-धवल कैलाश तो शिव-धाम है इत्यादि!

मेरा मन था राक्षस-ताल के पास जाकर देखूं, मगर वहाँ निकट जाना मना है। तिब्बती कहते हैं कि वहाँ पर शैतानी आत्माएँ रहती हैं, लेकिन वह ताल मुझे बहुत मासूम, सुंदर और नीला लगा। वहाँ आस-पास कोई पौधा नहीं होता है, पानी के भीतर भी कवक-शैवाल नहीं होते, इसके पानी पर मानसरोवर, अप्सरा ताल और हनुमान ताल के किनारों की तरह 'बार हेडेड गूज़' और भूरे सर वाली 'गल्स' नहीं तैर रही थीं, न ही काली गर्दन वाले सारस यहाँ किनारों पर कूँजन कर रहे थे। शायद हो सकता है इस तालाब में ऐसे लवण घुले होंगे जो कि हानिकारक हों। श्याम भैया ने बताया कि राक्षस-ताल के बीच जो द्वीप बने हैं उस पर जल-पांखी घोंसला बनाते हैं क्योंकि वहाँ शिकारियों का भय जो नहीं।

राक्षस-ताल की बातें करते हुए हम पुनः बस में बैठ कर करीब आधे घंटे में मानसरोवर झील के तट पर ही बने मिट्टी के पुरातन गेस्ट हाउस में आ गए। हमें इस बार भी शीला जी ने ऐसा कमरा दिया जिसमें उन्होंने कहा कि वे शेयर करेंगी हमारे साथ, मगर वे रात भर मानसरोवर जल में डुबकी लगा कर बीमार पड़ गईं एक अध्यापिका बहन की तीमारदारी ही करती रह गईं। हमने सामान रख मानसरोवर के तट पर अंधेरे में एक चक्कर काटा, हवा जमा दे रही थी। फिर खाना ही सर्व हो गया, जो सौ मीटर की दूरी पर एक धर्मशालानुमा जगह पर था। यह व्यवस्था भी 'तीर्थ-सेवा' वालों की थी। लगातार एंटीबायोटिक खाने के कारण मेरी भूख अब कम हो चली थी किंतु थोड़ा भात-दाल खा ही लिया।

हम मानसरोवर जिस दिन पहुँचे शुक्लपक्ष की अष्टमी थी। इन पुरातन गेस्टहाउस में बिस्तर एकदम साफ़-सुथरे थे। लाईट रात को दस बजे ही चली गई थी। हमने मोमबत्ती जला ली क्योंकि कमरे में मुझे चूहों की धमा-चौकड़ी

सुनाई दे रही थी। कमरे में ऊपर से मिट्टी भी झर रही थी। मैं रात भर बमुश्किल एक घंटा सो सकी। यहाँ मैं नींद की गोली नहीं खा सकती थी। वैसे ही साँस लेना कठिन था, ऑक्सीजन की कमी से, ऐसे में नींद की गोली की सलाह नहीं दी जाती। हम दोनों को भी नींद नहीं आ रही थी।

''बाहर चलें?'' अंशु ने पूछा।

मानसरोवर झील पर चाँदनी रात के दूसरे प्रहर में हम लोग जब बाहर आए वहाँ ऐसा लग रहा था कि मानो आकाशगंगा हमारे बहुत ही पास है और उससे कोई सुनहरा चूर्ण हम पर बरस रहा है। चंद्रविगलित ज्योत्सना सरोवर के वक्ष पर खेल रही थी। ज़्यादातर लोग थक कर भीतर सो रहे थे। दूसरे तीर्थयात्री दलों के कुछ आस्थावान युवक निकल आए थे। तट को ताक रहे थे इस प्रत्याशा में कि देवता गण ज्योतिपुंज के रूप में मानसर में स्नान हेतु उतरेंगे। वे पुण्यात्मा हैं और वे उन्हें देख सकेंगे। मुझे भी किसी अलौकिक की उम्मीद नहीं थी, जो दृश्य था वही अलौकिक था। हम चुप थे, मुझे लगा कि मानो मेरे तो होंठ थे ही नहीं या थे तो वे भी उस पल आँख बन गए थे। मन के सन्नाटों को रह-रह कर लगता, यह ताल कुछ कह रहा है धीमे-धीमे, कभी मुँह दबी हँसी हँस रहा है। कहीं बहुत धीमी वीणा के सुर महसूस हुए, साफ़-साफ़ दिखती आकाशगंगा की लटकती सीढ़ियाँ मानो क्षितिज पर अवस्थित गंधमादन पर्वत पर उतर रही थीं। क्या सरस्वती विहार पर हैं? मेरे बगल में अंशु थे, वे भी मगन मानसरोवर की चमक उठती लहरों को तक रहे थे। अद्‌भुत ढंग से वह असीम मौन मुखर था। तट के किनारे की कोमल घास और जामुनी फूलों के बीच पंछी फड़फड़ाए...नन्ही मधुर कूज़नों को बरजती गंभीर केंकें थी, मानो आधी रात में खेल करते चूज़ों को डांट लगाई हो माँ ने। सब कुछ निद्रालीन था, मानसर भी करवटें बदल रहा था, उनींदा-सा। उस रात मानसरोवर तट पर हाड़ कंपा देने वाली ठंड थी। मगर हम दोनों सहित कुछ दीवाने गहरी सांसें लेते हुए आकाश ताक रहे थे। उस क्षण मानसरोवर एक निर्मल भवसागर प्रतीत हो रहा था। वह जल अपनी ओर खींचता-सा लग रहा था। रात में बादल नहीं थे, आकाशगंगा बहुत पास लग रही थी। तभी एक तारा टूटा और मानसरोवर के पार गायब हो गया...फिर दूसरा और तीसरा और फिर कई सारे। मैं और अंशु मध्यरात्रि में आसमान में होते उल्कापात

की आतिशबाज़ी देखते रहे। वे युवक इस उल्कापात को जाने क्या मान हाथ जोड़े मूर्तिवत जड़ खड़े थे।

मैंने जब जम्हाई ली तो अंशु ने कहा कि चलो सोएँ। जब हम अपने माटी लिपे कमरे में घुसे, तब रात के एक बजे थे। बिस्तर ठंडा था मगर चारा ही क्या था? हम लिपट कर एक ही बिस्तर में घुस गए और एक दूसरे के निर्मल सुखद आगोश में तुरंत सो गए। पचास पार होकर भी दांपत्य की विविधता को पल-पल सीखती हूँ। हम उस पल दो अनाथ शिशु थे जो जंबूद्वीप से निकल अनजान भूभाग पर भटकते आ गए थे। हमने कस कर एक दूसरे की हथेलियाँ पकड़ रखी थीं। बाहर चंद्र विधौत रात्रि बीतने लगी। जाने आकाश से देवपुंज आकर मानसरोवर में नहा कर गए या लोग भरम पाले रहे! प्रत्यूष काल में तट पर पक्षियों के कूजन ने मुझे जगा दिया। मैंने अंशु को जगाया, मेरी चिंता दूसरी थी।

शाम को ही हमने जान लिया था कि यहाँ निवृत्त होने लिए जो कॉमन डब्लू. सी. था, वह एक नरक था। जिसकी दुर्गंध तट पर ही दूर-दूर तक फैली थी। मेरे मन में सवाल आया कि कैलाश यात्रा में इस गंद और शौच को लेकर समस्या के बारे में मैं नये-पुराने हर यात्रा वृत्तांत में पढ़ती आ रही हूँ। इतना पैसा देकर कैलाश यात्रा पर आने वाले यात्रियों के लिए क्या चीनी सरकार साफ़-सुथरे शौचालय नहीं बनवा सकती? या यह यंत्रणा जानबूझ कर पैदा की गई है? मानसरोवर के तट पर बने इस गेस्टहाउस की बगल से जो दुर्गंध उठती है वह असहनीय है। मुझे नहीं लगता कि वह विशाल खड्डु कभी साफ़ होता होगा। मैं तो उस असहनीय जगह के बगल से नहीं गुज़र सकती थी, मगर विवश महिलाएँ, वृद्धाएँ वहीं जा रही थीं। कुछ लोग उस मिट्टी के बने ठिकाने के आस-पास ही निवृत्त हो रहे थे।

मैं और अंशु तो बीच रात को ही रेकी कर आए थे। हमने तय कर लिया था कि मुँह-अंधेरे उठ कर एक किलोमीटर दूर चलकर जाएँगे। हम दोनों उठे और नीमअंधेरे में मानसरोवर से एक-डेढ़ किलोमीटर दूर चले। एक जगह पर मेरे मनपसंद जामुनी पुष्प गुच्छ खिले थे, थोड़ी-थोड़ी दूर पर। हम जाने किस आदिम सहजता से निवृत्त होने वहाँ बैठ गए जैसे सदियों से हमारी यही दिनचर्या हो। यह सोच कर हमें खूब हँसी भी आई। हम दोनों शॉल ओढ़े दो

तरुण भिक्षु लग रहे थे। जो बोझिल वैराग्य से थक कर खिलखिला कर हँस रहे हों। लौटते हुए हमारी हँसी से मानसर पर से बादलों का सैलाब हटा...एक लालिमा युक्त रोशनी थोड़े से हिस्से पर पड़ी। जैसे मंच पर स्पॉट लाईट पड़ती है। मेरे पास मोबाइल था मैंने फ़ोटोज़ लिये। यह धरती पर स्वर्ग था, ग्लेशियर से निकला तृषातोषक अमृत सरोवर। मानसरोवर केवल झील नहीं...यह पावन प्रतीक है...धरती पर ही स्वर्ग होने का! निश्चित ही वह नीला रंग स्वर्गिक था। कभी उसमें पिघला हुआ स्वर्ण घुल जाता था। मंद समीर चल रही थी। शमशेर बहादुर सिंह की कविता 'ऊषा' याद आ रही थी।

*प्रात: नभ था*
*बहुत नीला शंख जैसे*
*भोर का नभ*
*राख से लीपा हुआ चौका (अभी गीला पड़ा है)*
*बहुत काली सिल*
*ज़रा-से लाल केशर से*
*कि धुल गयी हो स्लेट पर*
*या लाल खड़िया चाक*
*मल दी हो किसी ने नील जल में*
*या किसी की गौर झिलमिल देह जैसे*
*हिल रही हो।*
*और...जादू टूटता है इस उषा का*
*अब सूर्योदय हो रहा है।*

मानसरोवर के जल में अलग-अलग झुंडों में ब्राउन हेडेड गल्स, बार हेडेड गूज़, रडी शैलडक्स तैर रहे थे। इसके पहले अप्सरा ताल पर हम ब्लैक नैक्ड सारसों (black necked cranes) के झुंड देख ही चुके थे। बचपन से ही बत्तखों का पानी पर नृत्य बहुत ही मनमोहक लगता है मुझे। उनका पंख फरफरा कर छाती फुलाकर सरसरा कर कतार में आगे बढ़ जाना। कूँजन-किलोलें!

मानसरोवर झील की एक अद्‌भुत विशेषता है कि इसके तटों पर तो खूब लहरें उठती हैं किंतु मध्य भाग की जलराशि सदैव स्थिर व शान्त रहती है। इसमें प्रत्यूष काल और संध्याकाल में कैलाश पर्वत के उज्ज्वल धवल

शिखर को उत्तर में तथा मंधाता शिखर को दक्षिण में प्रतिबिम्बित करते हुए देखा जा सकता है।

यह उन्नीस अगस्त का सूर्योदय था। हम जल्दी-जल्दी लौट कर कमरे से कैमरा निकाल लाए, तब तक अचानक सब सुनहरा दिखने लगा, सामने इसी सुनहरी आभा में 'गौरवर्ण कैलाश' क्षितिज पर दिखे। सूर्य ने सलेटी जल पर स्पॉट-लाईट डाली जगह-जगह। सुबह के समय मानसरोवर के जल पर पड़ने वाली सूर्य-रश्मियाँ जब परावर्तित होती हैं तो जल के भीतर से कितनी मणियों का खजाना फूट पड़ता है। मेरी माँ जब पौराणिक बातें बताती थीं तो उनकी कल्पना के मानसरोवर में सुनहरे हंस मोती चुगते हैं, जिसमें स्वर्ण-कमल खिलते हैं। माँ कितना याद आईं, वे होतीं तो मैं उन्हें मानसरोवर और कैलाश के प्रथम दर्शन अवश्य करवाती। मैंने ही उम्र का आधा पड़ाव पार कर लिया तब तो मुझे ही सूझी! खैर...

सूर्योदय के साथ ही कैलाश का उत्तरी भाग का दृश्य एकाएक मानसरोवर में झलझला उठा था। वहाँ से सूर्योदय देखने वाले हर व्यक्ति के मन में जादुई सम्मोहन जगा होगा जब गतिमान सूर्य के प्रकाश से मंधाता पर्वत शृंखलाएँ अचानक प्रज्ज्वलित प्रकाश स्तम्भों सी दिखाई देने लगी थीं और उन चमकते पर्वत-स्तम्भों से निकलती हुई सुनहरी धुँध बहुत अलौकिक लग रही थी। बाबा नागार्जुन की यह कविता जो लगभग रटी हुई सी है, मैं बुदबुदाने लगी—

*अमल धवल गिरि के शिखरों पर*
*बादल को घिरते देखा है*
*छोटे-छोटे मोती जैसे*
*उसके शीतल तुहीन कणों को*
*मानसरोवर के उन स्वर्णिम*
*कमलों पर गिरते देखा है*
*बादल को घिरते देखा है*
*तुंग हिमालय के कंधों पर*
*छोटी-बड़ी कई झीलें हैं*
*उनके श्यामल नील सलिल में*
*समतल देशों से आ-आकर*

*पावस की उमस से आकुल*
*तिक्त-मधुर विषतंतु खोजते*
*हंसों को तिरते देखा है।*

मुझे क्या लगता है कि ये जो मानसरोवर के तट की चमकीली रेत के कण हैं न, वही मोती से दिखते होंगे और ये जो बतखें हैं ये इन छोटे रेत के कणों में से कीट खोजती हैं तो यह भ्रम होता होगा कि मोती चुग रही हैं। फिर पौराणिक कथा-रचयिताओं की कल्पना का क्या अंत है? हमारे साथ ही पक्षी जाग गए थे और शुरू हुआ मीठा कोलाहल। मानसरोवर में नीले के कई शेड्स दिख रहे थे। अचानक नीला दिखते हुए हरा दिखता और बीच-बीच में कई रंग आते-जाते रहे। एक ओर जहाँ लोग यज्ञ-हवन आदि की जुगत में जुटे थे, हम कैमरे में हर अलौकिक क्षण कैद कर रहे थे। नहाना तो संभव नहीं हो सका था, मैंने सेनेटाइज़र और गीले तौलिए से खुद को स्वच्छ कर लिया और धुले कपड़े पहन लिए थे। नहाने की आदत कैलाश परिक्रमा के दौरान बल्कि सागा के बाद से नहीं चल सकती। मानसरोवर के तट पर बने इस मड-हाउस में तो नहाने की कोई व्यवस्था ही नहीं है।

चीनी नियमानुसार हवन की मानसरोवर तट पर बिलकुल इजाज़त नहीं थी, मगर फिर भी हमारे दल के लोगों ने वहाँ उपलब्ध एक पंडित की शह से वहीं तट पर हवन कुंड जमा लिया। लोग क्या-क्या संग लाए थे, हवन कुंड, धूप, दीप, हवन सामग्री, कपूर, समस्त पूजा सामग्री। हम तो केवल आस्था भरा मन लिए चले थे, अब भी बस वही था तर्पण को। अब तट पर हवन होना था, तमाम मनाहियों के बावजूद हुआ, जिसमें मैंने और अंशु ने हाथ जोड़ सर नवाने जितना हिस्सा लिया। तरह-तरह की रंग-बिरंगी हविष्य डाल उस निर्मल वातावरण में धुआँ करने में मेरी दिलचस्पी न के बराबर थी। मानसरोवर के जल की अँजुरी का सूर्य को अर्घ्य ही मेरी अराधना थी। मेरे एक ओर बादलों से निकले कैलाश के अद्वितीय दर्शन थे दूसरी ओर बुद्ध का प्रतीक एक गोम्पा था। शिव और बुद्ध दोनों मन का एक-एक छोर पकड़े खड़े थे। अंशु शिवस्तुति में कुछ मंत्र बुदबुदाते रहे। बहुत कम देर को अंशुमालि ने किरणों को धरती पर फेंका फिर बादलों की रज़ाई में दुबक गए। मानसरोवर के तट तीन समूहों द्वारा किये जा रहे यज्ञ से धूम्र-धुँध से धूमिल हो गए।

अब हमें परिक्रमा में साथ ले जाने वाला सामान छाँटना था, कैलाश परिक्रमा में तो केवल पिट्ठू बैग जायेगा। एक लेयर दर लेयर जो पहना है (इनर, लोअर, पूरी बाँह की टी शर्ट, स्वेटर और जैकेट, दो जोड़ी मोजे, मफ़लर-टोपी, दस्ताने) बाकी बैग में एक इनर और लोअर और टी शर्ट और मोज़े, एक जोड़ी अंडरगार्मेंट्स अतिरिक्त रखने थे कि अगर कपड़े भीग जाएँ तो? वरना वहाँ कपड़े बदलने का भी अवसर और स्थान नहीं मिलने वाला था। पिट्ठू बैग में बाकी खाने-पीने के हाई कैलोरी मगर हल्के-फुल्के चबाने वाले मेवे के छोटे पैकेट्स और गरम पानी की बॉटल, रेन कोट, टॉर्च और कैमरा रखने थे बस। बाकी सारा सामान दारचेन में होटल में छूटना था।

हमने भी भाग लिया हवन में...फिर नाश्ते को चले आए। मुझे लग रहा था कि जितनी जल्दी परिक्रमा आरंभ हो उतना अधिक कैलाश का सान्निध्य मिले मगर हवन में ही हमारे दल के लोग समय लगा रहे थे। मैंने वहाँ देखा कि कुछ लोग जलीय घास के पास जलपक्षियों को चने-मुरमुरे खिला रहे थे और भूरे सिर वाले गल नामक जल-पाखी 'डाडांड्रंट्ट्रएं' का शोर मचा रहे थे। मेरा मन मानसरोवर में तैरती बार हेडेड गूज़ और ब्राउन हेडेड गल्स और उनकी किलोलों को पास से देखने का था। उनको मुरमुरे खिलाने का था। लेकिन हमारा गुजराती समूह नाश्ते के लिए बढ़ा तो शीला जी ने हमें भी पुकार लिया। अंशु ने नाश्ता किया, मैंने केवल बॉर्नवीटा मिल्क पिया क्योंकि कुछ सॉलिड खाने से तुरंत जी मितलाने लगता था। बस तरल और गुनगुना पेय ही मन को भा रहा था। हमने दोनों थर्मसों को धोकर एक में चाय और एक में गर्म पानी भरा। नाश्ते के बाद जब सरोवर की तरफ़ मुख किये चाय पी रहे थे तभी मेरा मेघ अपना, धूसर थैला सँभाले हड़बड़ाता सा आकाश में प्रकट हुआ। मैंने सर उठाया...यह भी रात देर से सोया होगा। मन किया एक प्याली चाय पकड़ा दूँ। लेकिन वह ठहरा मरुत-प्राण, मानसरोवर की लहरों को दुलरा कर नम हुई हवा को खुद में भर कर ही वह तरोताज़ा हो गया था।

अंततः हमारा काफ़िला चला। मानसरोवर परिक्रमा का शेष हिस्सा आरंभ हुआ। मानसरोवर के थोड़ा आगे एक टीले पर एक गोम्पा पड़ता है। कुछ लोग उतरे, कुछ बस में बैठे रहे। इसके गर्भगृह में बौद्ध अवतारों की मूर्तियाँ, मणिमंत्र लगे हैं। मठ के लामा मुस्कुराए, हमें देख। वहाँ याक के मक्खन के दीपक रखे

थे, हमने उन्हें दो युआन देकर जलाया। गोम्पा के टीले पर सूर्य की किरणें पड़ कर स्वर्ण की सीढ़ियों का भास दे रही थीं। मुझे याद आया प्रणवानंद जी लिखते हैं कि तिब्बत में सोना पाया जाता है। इसके आगे सेरालुम गोम्पा पड़ा, जिसमें विशाल मूर्तियाँ और प्राचीन पांडुलिपियाँ थीं। वहाँ तट पर सुनहरी रेत लोग एकत्र करने लगे। मैंने भी एक डिबिया में रखने के लिए थोड़ी सी ले ली। कुछ दूर चलकर हमें फिर राक्षस-ताल के दर्शन हुए। मैंने गौर किया कि सुबह के समय भी उसके ऊपर कोई पंछी नज़र नहीं आया। हाँ आसमान में ज़रूर लाल चोंच वाले कव्वे नज़र आए जिनको कॉफ कहते हैं। भूगोल के अनुसार सतलुज नदी का उद्‌गम इसी राक्षस-ताल से हुआ है। है ना आश्चर्य! सतलुज जैसी लम्बी दूरी की, कई शहरों की प्यास बुझाने वाली नदी इस जीवनहीन राक्षस-ताल से निकलती है। हो सकता है, राक्षस-ताल के अंतस में भीतर कहीं कैलाश से पिघल कर आए जल के मीठे सोते बहते हों। राक्षस-ताल को देख कर एक ही बात उसांस की तरह निकलती है—हाय! ऐसी शापित सुंदरता!

कहते हैं तिब्बत-हिमाचल को जोड़ने वाले शिप्की-ला दर्रे से भारत के किन्नर लोक में प्रवेश करती है सतलुज। क्या किन्नर प्रदेश ही अलकानगरी है? मिथकीय कथाओं में किन्नर देश में सतलुज को लाने का श्रेय वाणासुर को दिया जाता है जैसे गंगा को लाने का श्रेय भगीरथ को है। 'ऋग्वेद' में ऋषि-मुनियों ने शतद्रु (सतलुज का प्राचीन नाम) का यशगान किया है। शतद्रु के ही तो किनारे राजा भरत ने अपने राज्य का विस्तार किया।

शतद्रु की ही तरह कैलाश, गुरलामंधाता, मानसरोवर और राक्षस-ताल तथा यहाँ के अन्य पहाड़ों से कई भारतीय छोटी-बड़ी नदियाँ निकलती हैं। करनाली नदी जो तिब्बत और नेपाल में बहने के बाद भारत में प्रवेश के समय घाघरा और पावन-पुरी अयोध्या सरयू के नाम से जानी जाती है। यही बिहार में पटना से थोड़ा पहले छपरा के पास गंगा में जा मिलती है। इसी प्रकार ब्रह्मपुत्र का उद्‌गम भी यहीं से होता है। सिंधु नदी का उद्‌गम स्थल भी यही है। इसी वजह से कैलाश इतना प्रिय है हमें।

नदियाँ किसी भारतीय मानस को महज़ एक प्राकृतिक अवयव लग ही नहीं सकतीं क्योंकि हमारे वेदों से लेकर पुराणों और संस्कृत साहित्य से लेकर आधुनिक साहित्य तक नदियों का इतना अधिक मानवीकरण किया गया है। हर

नदी की मर्म छूने वाली कथा होती ही है। पूरे रास्ते बस से, पैदल, परिक्रमा करते हुए हर रास्ते पर काटती, कभी प्रकट, कभी ओझल होती इन नदियों से मेरा विश्वामित्र की तरह रोककर बात करने का मन हो आया। 'ऋग्वेद' का नदी-सूक्त अद्‌भुत है। संस्कृत के विद्वान और वेदों के अनूठे विश्लेषक, उज्जैन में रहने वाले मुरलीधर चाँदनीवाला 'ऋग्वेद' के तीसरे मंडल में विश्वामित्र-नदी संवाद को अपनी कविता में प्रस्तुत करते हैं। वे कहते हैं—

"इस प्रसिद्ध वैदिक संवाद में ऋषि नदियों को ठहरकर प्रार्थना सुनने का निवेदन करता है मगर नदियाँ तो प्रवाहमान कभी ठहरी तो नहीं, किन्तु झुक अवश्य गईं विद्वान ऋषि के मधुर वचन सुनकर।" इस सुंदर कथोपकथन में अप्रतिम काव्य के दर्शन होते हैं। विश्व साहित्य में नदी को सम्बोधित यह पहली आदि कविता है और इसका कोई जोड़ नहीं।

*प्रपर्वतानामुशती उपस्थादश्वे इव विषिते हासमाने।*
*गावेव शुभ्रे मातरा रिहाणे विपाट्छुतुद्री पयसा जेवते॥*

('ऋग्वेद', नदीसूक्त, 3.33.1)

*पहाड़ों के घर से निकलकर आई हो*
*दो घोड़ियों की तरह दौड़ती हुई स्पर्धा में,*
*या दो शुभ्र धेनुओं सी*
*भागी चली आ रही चाटती हुई*
*प्यार से बछड़े को,*
*हे नदियों! बहती हुई तुम*
*कितनी उद्दाम, कितनी वेगवती हो॥ 1॥*

*तुमको कोई पुरुषार्थी*
*भेज रहा आगे की ओर,*
*दोनों हाथ फैलाकर तुम जा रही*
*रथ पर बैठी हुई समुद्र के पास,*
*लहरें आपस में चूमती हुईं*
*मिल जातीं तीव्र उत्कंठा में॥ 2॥*

*नदियों! तुम मातृवत्सला हो,*
*मैं आया हूँ तुम्हारे पास।*
*मेरी मलिनताएँ धोकर*
*तुम भर दोगी मुझमें अपनी शुचिताएँ,*
*शिशुओं को दुलारती हुई*
*तुम जा रही उस घर जहाँ तुम*
*बस जाओगी सदा के लिये॥ 3॥*

(नदियाँ उत्तर देती हैं—)

*ऋषिवर!*
*हम बहती हुई जा रहीं उस धाम*
*जिसे देवों ने बनाया हमारे लिये।*
*हम रुक नहीं सकतीं पलभर,*
*कोई पुकारता हमें अनजान क्षितिज पर॥ 4॥*

(ऋषि फिर निवेदन करते हैं—)

*मैं कुशिक का पुत्र*
*निवेदित हूँ नदियों! तुम्हारे लिये।*
*मुहूर्त भर ठहरो, सुन लो मेरे वचन।*
*तुम ऋत से सम्पन्न हो*
*ले चलो मुझे अपने साथ वहाँ*
*जो तुम्हारा गन्तव्य है॥ 5॥*

(नदियाँ जल्दी में हैं। कहती हैं—)

*ऋषिवर!*
*वज्रबाहु ने परिधियाँ तोड़ीं,*
*उत्प्रेरक सुंदर हाथों ने*
*हम नदियों को*
*मुक्त किया आगे के लिये।*
*हम उसी की आज्ञानुवर्तिनी*
*दौड़ रहीं अनवरत लक्ष्य की ओर॥ 6॥*

(ऋषि उत्तर से संतुष्ट हैं—)

*सौ-सौ बार*
*तुम बोलती हुई जाती हो*
*उसी की पराक्रम-कथाएँ,*
*बताती जाती हो कि किस तरह उसने*
*अहि को परास्त किया*
*और किस तरह भेद डाले असुरों के दुर्ग,*
*तुम कितनी भली लगती हो*
*इच्छा करती हुई लोकमंगल की॥ 7॥*

(नदियाँ खिलखिलाती हैं। वचन लेती हैं—)

*हे ऋषिवर!*
*तुम भूल न जाना इन वचनों को,*
*युगों-युगों तक*
*वीरता का जयघोष हो।*
*हे कवि! तुम्हारी इन स्तुतियों में*
*उसी का निवास हो,*
*हे पुरुष! तुम्हें नमस्कार॥ 8॥*

(ऋषि फिर कहते हैं—)

*नदियों! मेरी प्यारी बहनों!*
*मेरे वचन सुनो,*
*बड़ी दूर से आया मैं तुम्हारे लिये।*
*झुक जाओ मेरे लिये तनिक,*
*अपार सिन्धु से पार लगाने में*
*मेरी सहायता करो।॥9॥*

*(नदियाँ तनिक झुकती हैं—)*

*कवि!*
*हम तुम्हारे वचन सुन रही हैं,*

*तुम दूर से चले आये हमारे समीप।*
*लो, मैं झुकती हूँ*
*जैसे शिशु को दूध पिलाती हुई माँ*
*या कोई तरुणी*
*प्रिय के आलिंगन के लिये॥ 10॥*

(कृतार्थ हैं ऋषि, कहते हैं—)
*मेरी प्रिय नदियों! वर दो कि*
*ज्योति यजन करती हुईं*
*भारत की सन्तानें पार लग जाएँ,*
*मैं तुम्हारी स्तुति गाऊँगा*
*क्योंकि तुम आज्ञा का पालन करती*
*चली आ रहीं आदिकाल से॥ 11॥*

*प्रकाश की खोज में निकला हुआ भारत*
*अंततः पार हुआ,*
*विप्र ने किया नदियों का मधुर स्तवन।*
*नदियों! प्रसन्न होओ,*
*तुम ही हमारा जीवन-हमारा आश्रय।*
*हमें अपने रस से सींचती हुई बहती रहो॥ 12॥*

*हे नदियों!*
*तुम्हारी लहरों में जो उमंग है*
*वह शान्ति की उपज के लिये हो।*
*तुम मुक्त हो तो हमें भी मुक्ति दो,*
*तुम निष्पाप हो तो हमें भी निष्पाप करो*
*हमें बंधनमुक्त कर समृद्धि दो॥ 13॥*

(साभार : मुरलीधर चाँदनीवाला के फ़ेसबुक पृष्ठ से)

ऋषि विश्वामित्र के कहने से तो रुकी नहीं नदियाँ, मेरे कहने से कहाँ रुकतीं? मगर अपनी उफनती लहरों को थोड़ा शांत कर मेरा भी आह्वान सुना और दुर्लभ ही पथ-विचलन करने वाली नदियों ने मेरी जिज्ञासा शांत की

और आशिर्वचन तो मुझे भी दे गईं।

राक्षस-ताल पार कर मानसरोवर का बाकी चक्कर पूरा कर, हम दारचेन पहुँचे। दारचेन, मानसरोवर, अष्टपद सभी समुद्रतल से 15300-15500 फ़ीट की ऊँचाई के बीच पड़ते हैं। आदत हो जाने पर साँस की कठिनाई उतनी नहीं होती। रास्ते में हमें दक्षिण मुखी कैलाश की झलक दिखी और ओझल हो गई। कैलाश प्रकट और ओझल का खेल बहुत खेलते हैं।

पर यह तय था कि कोई चाहे तो मानसरोवर तक आना कठिन नहीं है। अगर कोई दुर्गम परिक्रमा न भी करना चाहे तो अष्टपद जाकर कैलाश के दक्षिणमुख के दर्शन करके लौट सकता है। उसके लिए शारीरिक-स्वास्थ्य बाध्यता नहीं। हमारे समूह के भी तीन-चार लोग शारीरिक अशक्तता के चलते, मानसरोवर से ही कैलाश के दर्शन कर दारचेन के एक गेस्टहाउस में रुक गए थे। हमारे साथ नहीं चले। एक महिला सौ किलो की थीं, उनके पति इस बात से आहत थे कि उनके कारण वह भी नहीं जा पा रहे हैं कैलाश परिक्रमा। एक बहुत हँसमुख व्यक्ति थे जो नकली ज़ेवरों की दुकान चलाते थे, वे और उनकी पत्नी भी न जा सके। हम पहले अष्टपद के एक मुहाने पर पहुँचे, जहाँ जैन तीर्थंकर ऋषभ देव ने तपस्या की थी और निर्वाण प्राप्त किया था। यहाँ से आगे बस नहीं जा सकती थी, पास जाने के लिए पैदल जाना होता। हमारे पास समय कम था। हम सबने दूर से दक्षिणमुखी कैलाश के दर्शन किये। इस तरफ़ कैलाश में सीढ़ीनुमा आकृतियाँ दृष्टिगोचर होती हैं। ये बर्फ़ की सीढ़ियाँ अचरज में डाल देती हैं। लगता है कि सर्रसर्र चढ़ जाओगे मगर कैलाश अपने एकांत में प्रवेश की आज्ञा किसी को नहीं देते। शुभ्र कैलाश के सीढ़ीदार हिमाच्छादित दक्षिणी मुख पर प्रातः की सुनहरी रश्मियाँ अठखेलियाँ कर रही थीं, मेरे मन में कविता जन्म ले रही थी—

*कभी रजत रश्मियाँ*
*कभी स्वर्णिम आभा*
*कभी निश्छल मन का निर्मल हास*
*कभी भेद भरे मन का लहू रिस जाता*
*जब हरीतिमा बाँहें फैलाकर दौड़ती उस ओर*
*विराट के दुःख से उपजा यह हिमाश्रु मुस्काता*

*जब-तब उसमें व्योम झाँकता*
*आँकते हुए अपना विस्तार*
*हर दिशा में रूप बदलता*
*अपने ही श्वेत और श्याम से उलझता*
*प्रत्यूष बेला उस निःसीम के अप्रकट से*
*नित्य-प्रति आ प्रकट होता*

अष्टपद हम अधिक नहीं रुक सके, क्योंकि यहाँ से दारचेन पाँच किलोमीटर की दूरी पर था वहाँ पहुँच कर फिर से एक चैक पॉइंट पड़ा। चीन को तीर्थयात्रियों से भला हर जगह पर क्या भय होता है? हर जगह जाँच चौकियाँ! वहाँ से छः किलोमीटर बस में चल कर हम यमद्वार पहुँचे। यमद्वार एक दो तरफ़ खुला तिब्बती गुम्बदनुमा द्वार था।

यमद्वार पहुँचने का अभिप्राय यह है कि यम की सीमा और यम के कानून-कायदे बस यहीं तक चल सकते हैं। आगे शिव के पर्वतीय-प्राचीरों में तो सब कुछ शिव की आज्ञा से ही होगा। यहाँ से ही बावन किलोमीटर का कैलाश-परिक्रमा मार्ग शुरू होता है। यमद्वार एक छोटे गुम्पा-सा सजा था रंग-बिरंगे प्रार्थना ध्वजों से। यह एक छोटा दोनों दिशाओं में दरवाज़े वाला प्रकोष्ठ था। यह महज़ एक द्वार नहीं, यह वह सीमा है जहाँ आप अपनी आशंकाएँ और भय यहीं छोड़ देते हो। बहुत सारे दुनियावी मोह भी। तिब्बती तीर्थयात्रियों का एक झुण्ड पैदल हमारे सामने से गुज़रा, उनमें पैदल चलते बच्चे भी थे, उछलते-कूदते। बड़ों के हाथ में मनकों की माला थी वे मंत्र बुदबुदाते चल रहे थे। निर्लिप्त! बौद्ध धर्म मुझे बहुत खींचता है। इस बौद्ध तोरणद्वार से निकलकर हम यात्री बाहर निकले। इसके आस-पास पुराने कपड़े, सींग, सिक्के बिखरे पड़े थे। यमद्वार पर हमारी बस के तिब्बती ड्राइवर ने हम सबको शुभकामनाएँ देते हुए कहा—काल्पे आ (आराम से चलना, ताकि लौट सको।)

हमारे दल को अभी कुछ इंतज़ार करना था। घोड़े और कुली यहीं मिलते हैं। हर यात्री को पोर्टर के लिए आठ से दस हज़ार रुपए और पॉनी और उसके मालिक को तीस हज़ार के करीब देना पड़ता है। हमारे साथ कोई झंझट नहीं था, पॉनी हमको चाहिए नहीं था। हम पैदल चलने वाले थे। श्याम भैया ने हमसे तय कर लिया था कि वे ही हमारा सामान ले चलेंगे और हम पोर्टर की

तयशुदा रकम उन्हें दे देंगे। शीला जी का भी आग्रह था कि इस बहाने वह कुछ अतिरिक्त आय कर लेगा। हमें क्या समस्या थी बल्कि श्याम भैया से बेहतर क्या होता? ये तिब्बती पोर्टर तो ठीक से बात भी नहीं करते हैं, न कुछ बताते चलते। गंतव्य पर पहुँचने की जल्दी में बस भागते हैं जल्दी-जल्दी। जबकि मैं सब कुछ इत्मीनान से देखते हुए, रुकते-बैठते, खाते-पीते चलना चाहती थी। अंशु को हर जगह के फ़ोटो लेने थे।

श्याम भैया ने कहा कि मैं और अंशु चलना आरंभ करें, वे सबको घोड़े पर रवाना करके पीछे आते हैं। मेरा दिल एकबारगी धक्क हुआ। समूची परिक्रमा में घोड़ा न लेने की ज़िद मेरी ही थी, क्या मैं चल लूँगी? बावन किलोमीटर, धूप-सर्दी-बरसात और उस पर विरल ऑक्सीजन वाली हवा। पूरा ट्रेकर्स वाला ताम-झाम था। स्टिक, लाइट-वेट ऑक्सीजन सिलेंडर, जैकेट, कैप, चश्मा, सनस्क्रीन, जेब में चॉकलेट्स...मन में प्रकृति की विराटता को नमन कर हम चले। हमारा बाकी सामान श्याम भैया के पास था। एक-एक जोड़ी कपड़े, एनर्जी फ़ूड, कैमरे का सामान, रेन कोट्स। क्योंकि इस ऊँचाई पर जो लगातार बढ़नी ही थी, हम जो ऊनी परतें पहने हुए थे, उसमें ही सामान्य गति से चल लें वह भी गनीमत थी।

यह तो तब जबकि मैं और अंशु अपनी उम्र के हिसाब से खूब फ़िट हैं, अंशु तो हल्के-फुल्के चुस्त और ऊर्जा से भरे हुए हैं ही। लेकिन श्याम जी भी पचास पार के थे और उनकी चुस्ती देख मैं दंग थी! शेरपा होना इस धरती पर हमेशा खुश रहने का विशेष गुण और प्रकृति की विशमता से जूझने की अपरिमित क्षमता लिए पैदा होना होता है।

यमद्वार के पास तारबोचे चोर्टेन में रंगीन झंडियों की कतारें फरफरा रही थीं। ऐसा लग रहा था इन कतारों का एक सिरा आसमान पर और एक धरती पर बाँधा हो। हमारे साथ ही पैदल चल रहे तिब्बती गाइड ने मुझे बताया कि ये तिब्बती त्यौहार 'सागादावा' के समय बाँधी गई थीं। यमद्वार से रवाना होते ही दाहिनी तरफ़ एक बहुत बड़ा बौद्ध मठ नज़र आता है। यह 'चकू गोम्पा' था, वहाँ से कुछ अधेड़ लामा, याक पर सामान लदवा कर निकल कर आ रहे थे। उन्होंने हमसे अभिवादन का आदान-प्रदान किया। यमद्वार से निकल परिक्रमाकारी सीधे ल्हाछू घाटी में उतर जाते हैं। यह उतरना आपमें एक अनुभूति

जगाता है कि आप एक विशालतम की सूक्ष्मता की खोज में बढ़ रहे हैं। वह सूक्ष्मतम है आपका अपना स्व! धरती के इन विशाल द्वारों से होकर ही मानो कोई स्वर्ग खुलता हो। विशाल भूरे पहाड़ों के बीच मीलों फैली घाटी और मृग-मरीचिका से हर कदम पर दूरस्थ होते जाते क्षितिज। प्रकृति की तूलिका क्या-क्या रच देती है?

हमारे साथ इस परिक्रमा मार्ग पर कोई भीड़ नहीं थी। पैदल बहुत कम लोग थे। एक-दो यात्री ही पैदल आगे चल रहे थे। पॉनीवाले कभी बगल से गुज़र जाते। उनको देखकर मुझे लगा पैदल चलना आसान है। यमद्वार से डेरापुक का आरंभ में तो कमोबेश समतल ही है। आगे जाकर ऊँचाई सहज ही बढ़ती जाती है।

हमारे दल के लोग घोड़ों पर हमें पुकारते हुए गुज़र गये। मुझे अच्छा लगा कि हम पैदल हैं क्योंकि हमारे हाथ तो मुक्त थे, फ़ोटो खींचने के लिए, हम कहीं भी बैठ सकते थे। फूलों को छू सकते थे। इसी तरह ल्हाछू घाटी में चलते-चलते अचानक कैलाश का पश्चिम मुख प्रकट हुआ, मैं चौंक गई। यहाँ कैलाश एकदम अलग दिख रहे थे। ये तो लगातार साथ चलती दो आँखें थीं। हम दायीं ओर से परिक्रमा कर रहे थे यानी परिक्रमा के समय हमारा दायाँ भाग कैलाश की तरफ़ था। यह माना जाता है कि कैलाश शिखर स्वयं शिव हैं। साक्षात् शिव और इस दुनिया की सारी उपमाएँ शिव के सामने बहुत ही छोटी हैं। उस पल हवा शांत थी, बादल बिना किसी दखलंदाज़ी के तैर रहे थे। संस्कृत में कैलाश का अर्थ—क्रिस्टल है। बर्फ़ का एक विशाल क्रिस्टल हमारे सामने था। हम उस कोह-ए-नूर की विशालता और शक्ति को महसूस कर रहे थे।

एक घंटे के अंदर जब हम रास्ते में रुक कर आराम और फ़ोटोग्राफ़ी कर रहे थे, श्याम जी आ गए थे। हमें प्यास लगी थी। उन्होंने हमारे सामान से पानी निकाल कर पिलाया। वे बुरी तरह लोडेड थे। उनके पास किसी एवरेस्ट के माउंटेनियर का गिफ़्ट किया रकसैक बैग था, जिसमें मेरे और अंशु के हल्के पिट्ठू बैग, कैमरे का सामान और पानी ही था। हमने पूछा कि इतना और सामान क्या है श्याम भैया? वे हँस दिये, हम समझ गए कि टूर ऑपरेटर का सामान भी वे ढो रहे थे, मुफ़्त!

आगे चलने पर उन्होंने उलटी दिशा से आते परिक्रमाकारियों को आते देख बताया कि—देखिए बॉनपा बायीं ओर से परिक्रमा करते हैं। कुछ बॉनपा तो असंभव सी जान पड़ने वाली चरण-प्रणाम परिक्रमा कर रहे थे, लेट-लेट कर। मैं सोच रही थी कि मैं पैदल चल कर कोई महान काम कर रही हूँ! फ़िलहाल हमारा लक्ष्य था कि हमें दस किलोमीटर पैदल चल कर डेरापुक पहुँचना है। मौसम तरह-तरह के रूप दिखा रहा था। जब तक मौसम थोड़ा ठीक न हो गया हम अपने चारों तरफ़ और नीचे की शानदार दृश्यावली का ठीक से आनंद ले नहीं पाए थे। अब हमारी मन और तन की थकान हरने को गंगाछू नदी की दूधिया पन्ना धार विपरीत दिशा में चलती बीच-बीच में रास्ता काट रही थी। यह नदी जिसे कैलाश गंगा भी कहते हैं, के मनोरम किनारों पर चलना आनंददायक था। गोल पत्थरों पर मचलती यह नदी कैलाश से निकलती है, मगर यह गंगा नहीं गंगाछू है। कई लोग यह भ्रम पालते हैं।

पिघलता दूधिया पन्ना! पानी का यह रंग नया था मेरे लिए। घंटा भर चलने के बाद आकाश के नीले और धरा के धूसर को मिलाता हुआ श्वेत कैलाश का उत्तरी पश्चिमी मुख अचानक आ प्रकट हुआ। तुषार-शिखर की इस भंगिमा को देख कौन न रह जाता अवाक्? उनके नील चक्षु स्पष्ट दिख रहे थे। अंशु ने प्रणाम किया, मैंने भी अवाक् हथेलियाँ जोड़ीं और फिर बाँहें ही फैला दीं, वह विशाल हथेलियों में कहाँ आने वाला था? न ही मात्र प्रणाम से मेरा मन भरता। यह कैलाश-परिक्रमा का प्रथम दर्शन स्थल है। यह देखने के बाद थके हुए पैर आगे ही बढ़ सकते हैं चाहे मार्ग कितना ही बाधित क्यों न हो।

साँसों और ऑक्सीजन को लेकर हम जलवायु के अभ्यस्त हो चुके थे मगर शारीरिक श्रम तो हर कदम के साथ दुगुना लग रहा था। कैलाश हमारी दाईं तरफ़ हम पर आँखें गड़ाए था। उसको घेरे थे नंगे-भूरे बलुई पहाड़। जो अपने आकार-प्रकार में बड़े रहस्यमय लग रहे थे। उनमें अजीबो-गरीब गुफ़ाएँ थीं, झरोखे थे, गलियारे थे। कहीं-कहीं एकदम सन्नाटा हो जाता और बादल में से निकल कर कैलाश के नेत्र झाँकते तो यह रहस्य गाढ़ा हो जाता। ऐसा लगता कि यह धरती नहीं कोई और ग्रह है। यह कोई और ही वास्तविकता है।

यमद्वार के आगे भी मुझे लगने लगा था कि असंख्य द्वार हैं...जो पास जाने पर खुलते जाते हैं। ये द्वार शारीरिक क्षमता के थे, मानसिक बल के

थे, भीतर सोई आस्था के थे, भय के थे, इन रहस्यों के प्रति जिज्ञासा के थे, आने वाले खतरों के थे। अचानक मुझे लगा कि कहीं असंख्यों धीमी और मधुर बांसुरियाँ बजने लगी हैं। क्या इस कान के परदे बेधती हवा ने मेरे कान खराब कर दिये हैं? या यह कुछ अलौकिक घट रहा है! क्या ये केवल मुझे ही सुनाई पड़ रही हैं? मैंने अंशु से पूछा तो पहले तो उनको ये बांसुरी की धुन नहीं सुनाई दी थी मगर थोड़ा आगे जाकर उनको भी सुनाई दी, श्याम जी को भी। श्याम जी ने पुष्टि की कि इस मौसम में ऐसा होता है। जून-जुलाई में आने पर ऐसा नहीं होता। यह बावरी हवा थी जो इन पहाड़ों के रंध्रों से होकर गुजरती तो गा उठती थी। मेरा मन भी गुनगुना रहा था ये अनजानी धुन।

कैलाश का सामीप्य दिव्य अनुभव कराता है और यह आरंभ था। कितना सामंजस्य है, पहाड़ की ऊँचाइयों और मानव के मन में। मानव मन कहाँ-कहाँ तक कल्पना कर लेता है। प्रकृति के इस विराट स्वरूप को देखकर पहले भय की अनुभूति हुई थी अब तादात्म्य स्थापित होने लगा था। कुछ-कुछ समझ आने लगा था कि कृष्ण के विराट स्वरूप को देखकर अर्जुन एकाएक क्यों दहल गए थे? संपूर्ण के साक्षात्कार को देखना आसान तो नहीं है, न!

रहस्यमय पहाड़ों का विस्तार अपार मैदान में बदल गया जहाँ घास थी, पहाड़ियाँ थीं, छोटी-छोटी पिघले पन्ने सी जलधाराएँ थीं। वहाँ पहाड़ियों के हरे ढलानों पर उछल-कूद मचाते 'मार्मोट रोडेंट्स' थे, जो न खरगोश थे, न चूहे, न गिलहरी...ये तो कोई इन सबके मिले-जुले से कोई स्टफ़्ड टॉय जैसे थे। मैं और अंशु रुक कर उनके विडियो लेने लगे। तमाम पॉनी की सवारी वाले हमारे दल के यात्री काफ़ी आगे निकल गए थे...वे स्वयं को बहुत भाग्यशाली मान रहे थे लेकिन मुझे उन पर तरस आया, जब हमें एक दूरी पर चार कस्तूरी मृग विचरण करते दिखे। मैं तो जन्मजात प्रकृति-पुत्री, मेरे लिए कैलाश की खोज उनके आस-पास फैले प्रकृति के हर आयाम की खोज भी है। मेरी आत्मा यह मानती है कि शिवत्व का एक विराट पक्ष स्वयं प्रकृति है, वरना शिव यहाँ हिमालय की दुर्गमता क्यों चुनते? दस किलोमीटर चलकर हम एक टेंट में रुके, हमारे साथ हमारा पैक्ड लंच था। पुलाव और दही। हमने घास में बैठ कर खाया। वहाँ की तिब्बती नमकीन चाय पी। हमारे सामने से

गले में घंटी वाले याक सामान लादे जा रहे थे। उनकी घंटियों की गूंज घाटी में इको हो रही थी।

तिब्बत के मनोरम और भीषण रहस्य प्रकृति की गोद में ही छिपे थे, इन हवाओं में नाचते थे यहाँ के मौसम यह मुझे समझ आ गया था। कहते हैं बीस मिलियन साल पहले तिब्बत समुद्र में सोता था। विश्वास नहीं होता न कि संसार की यह छत कभी नींव के भी नीचे सोती थी? वर्तमान में यह जिस आकार और जिस ढंग से अवस्थित है, वह बड़ी अनोखी अवस्था है। जिसका धरती की सतह पर उभरना समूचे मध्य एशिया में तरह-तरह की महागाथाओं में वर्णित किया जाता है। सोचो किस तरह धरती के भीतर दो गतिमान विशालकाय पिंडों के टकराने से एक समुद्र में सोती हुई सतह उभरी होगी। जिस पर समुद्रतल की समानांतर परतों की एक लंबी-ऊँची शृंखला बनती चली गई होगी। इन लहरदार परतों के ऊपरी हिस्सों को हिन्द महासागर से आती मानसूनी हवाओं ने सपाट कर दिया होगा और ढलानों को जलोढ़ मिट्टी ने पाट दिया होगा। तब बना होगा चांग-तांग, विशाल उत्तरी तिब्बती पठार। जो समुद्रतल से लगभग 16,000 फ़ीट पर तन कर खड़ा होता है।

हम उस टैंटनुमा टी हाउस से बाहर निकले तो काले-काले बादल घिर आए...मौसम एकदम बिगड़ गया। श्याम जी ने हमें हमारे रेन कोट्स निकाल कर दिए। दस किलोमीटर इस ऊँचाई पर चलना मेरी शारीरिक क्षमता की पराकाष्ठा थी कि अचानक मानो इस खेल में बरसात के मारक छींटों ने मुश्किलें और बढ़ा दीं। आगे बढ़ते रहने के सिवा कोई चारा नहीं था। ''पाँच किलोमीटर और।'' श्याम जी ने दूर एक पहाड़ दिखा कर कहा, ''उसके पीछे एक पहाड़ वही तलहटी में डेरापुक है।''

डेरापुक के लिए अब चढ़ाई आ गई थी। मेरा दूसरा साक्षात्कार था हिमालय की साँस उखाड़ देने वाली चढ़ाई से। एक बार नॉर्थ सिक्किम में ज़ीरो पॉईंट पर मेरा हायपोक्सिया की जानलेवा मीठी नींद से परिचय हुआ था। यहाँ भी चढ़ते समय मुझे साँस लेने में कठिनाई होने लगी थी और मुझे ऑक्सीजन सिलेंडर से ऑक्सीजन के पफ़ लेने पड़े। मेरी गति एकदम कम हो गई थी। अंशु और श्याम जी मेरे कारण धीरे चल रहे थे। 'एक साँस भरो एक कदम चढ़ो' की अंशु की फ़ौजी हिदायत पर अमल कर रही थी।

अंतहीन चलते रहने के बाद दूर एक मठ दिखा।

कैलाश की परिक्रमा और मानसरोवर की परिधि में अनेक प्राचीन बौद्ध मठ बने हुए हैं। प्राचीनकाल से ही यहाँ लामा आदि तपस्या करते आए हैं। तिब्बत के लोग इन मठों में गहरी आस्था रखते हैं। इनको चीनी सैनिक आकर नष्ट भी करते रहते हैं मगर इनकी आस्था है कि कम नहीं होती है।

कुछ शिव-भक्त कैलाश के 'इनर कोर' की भी परिक्रमा कर रहे थे। लोग कहते हैं कि यह परिक्रमा बहुत ही कठिन है क्योंकि बिलकुल कैलाश-पर्वत के आधार से ही लगकर यह पूरी परिक्रमा होती है। इस परिक्रमा में कैलाश कभी ओझल नहीं होता। वहाँ पर एक पहाड़ी पर, संकरे दुर्गम रास्तों के बीच 'सप्तऋषि गुफ़ाएँ' भी हैं। जहाँ पर कहते हैं कि सप्तऋषियों ने तपस्या की थी। लेकिन इस परिक्रमा के लिए विशिष्ट परमिट बनता है और उसके लिए स्वास्थ्य भी आपका बहुत अच्छा होना चाहिए। मैंने खुद से सवाल पूछा कि क्या मैं कभी कर सकूँगी 'इनर कोर' की परिक्रमा? जवाब मिला कि क्या तुम आओगी दुबारा? निढाल होता शरीर कुनमुनाया—शायद ही!

इनर कोर परिक्रमा में एक कुबेर का मंदिर भी पड़ता है। कुबेर यानी अलकानगरी! यानी कालिदास जो कहते हैं कि कैलाश की गोद में प्रणयिनी सी अलका...नीचे खिसका जा रहा होगा जिसका गंगारूपी दुकूल...अहा! क्या वह अलका यहीं कहीं विलुप्त है?

*तस्योकत्सङ्गे प्रणयिन इव स्रोतङ्गादुकूलां*
*न त्वं दृष्ट्वा न पुनरलकां ज्ञास्यसे कामचारीन्!*
*या वः काले वहति सलिलोद्गारमुच्चैर्विमाना*
*मुक्ताहजालग्रथितमलकं कामिनीवाभ्रवृन्दजम्॥*

(64 श्लोक पूर्वमेघ, मेघदूत : नागार्जुन कृत अनुवाद)

वह मठ जो नज़दीक ही दिख रहा था, मृग-मरीचिका निकला। हम फिर चढ़ने लगे। मैं अपनी क्षमता से आगे जाने की कोशिश में थी मगर एक जगह आकर मुझे चक्कर आए और मैं कॉलेप्स हो गई। डेरापुक का हमारा डेरा सामने ही था। मुझे ढहता देख शीला जी के सहयोगी कृष्णा जी और तिब्बती गाइड दौड़ कर आए और मुझे पकड़ कर ऊपर ले जाया गया। हम

जब पहुँचे तो दोपहर बीत रही थी। लेकिन मौसम बहुत खराब था, लगातार बरसात ही बरसात। डेरापुक पहुँचने पर जो उत्तर-मुखी दर्शन की चाह थी उसे दुष्ट मेघ ने लील लिया था वह कैलाश से ऐसा जा लिपटा कि मुझे कैलाश की झलक तक नहीं मिली।

डेरापुक कैलाश परिक्रमा का पहला ही पड़ाव है। इसका असली नाम दिरा-पुक है। दिरा यानी याक के सींग और पुक यानी गुफ़ा। हमने यहाँ पहुँचते ही गर्म-गर्म चाय पी। उसके बाद हमारे लिए गर्म खाना तैयार हो रहा था, मैं थकान से पस्त ऑक्सीजन के तीन पफ़ लेकर बिस्तर में जा लेटी। हमारे कमरे में शीला जी के अलावा एक दंपति और थे। उनमें से जो महिला थीं उनकी तबीयत बहुत ज़्यादा खराब होने लगी थी। उनको देखकर ऐसा लग रहा था कि उनके मस्तिष्क में सूजन आ गई है और शीला जी काफ़ी परेशान थीं। शीला जी चाहती थीं उनको यहीं से नीचे दारचेन पहुँचाया जाए लेकिन महिला थी कि ज़िद पर अड़ी हुई थी कि वह आगे की परिक्रमा करेंगी।

खाना खाने के बाद भी हमारी सहयात्री की तबियत सुधरने को नहीं आई। उनके पति लगातार उनकी सेवा कर रहे थे। मेरे पास वाले पलंग पर अंशु तो थक कर गहरी नींद सो गए थे। एक तो पहाड़ों की नींद बड़ी औचक होती है, अपनी ही साँस बेतरतीब हुई कि उचटी, तो मैं सोने और जागने के बीच थी। एक ही कमरे में हम पाँच लोग थे, उनमें वह महिला भी थीं जो बेहद बीमार थीं...आधी रात बीतने तक तो उसके दिमाग में सूजन आ गई थी। वह रह-रह कर हाँफते हुए जाग जाती और उसे लगातार गर्म पानी पीने के कारण बार-बार उठ कर लघुशंका के लिए पहाड़ी पर बने हमारे वाले मड हाउस के पीछे खुले में जाना पड़ रहा था।

उसके हर बार उठने पर जो हलचल होती मेरी नींद खुल जाती। जब शीला जी भी सो गईं तो एक बार उठ कर उनके साथ मुझे जाना पड़ा...उनके पति कृष्णा जी से दवा लेने गये हुए थे। हम लघुशंका के लिए कच्ची ज़मीन पर एक ढलान पर जा बैठे। उस वक्त तीन बजे थे यूँ तो पूरी रात बादल आकाश को ढके हुए थे...लेकिन उस पल अचानक बादल हट गए।...मेरा दिल धक्क से रह गया...मुझे यकीन ही नहीं हुआ कि मद्धिम चाँदनी और बादलों की रोशनी में नहीं बल्कि अपनी ही आभा के आलोक से चमकता जो पर्वत

सामने है वह कैलाश है। इतना पास, एकदम सामने!

मैं विस्फारित आँखों से चकित घुटनों के बल बैठी रह गई थी, डायमॉक्स दवा का असर कि मेरा ब्लैडर खाली होने का नाम नहीं ले रहा था। मुझे अपनी बस में एक गुजराती श्रद्धालु का वाक्य याद आ रहा था—'वो काईं के कैलाशनाथ तो ठहरा अघोरी...उनके आगे शरीर का होना न होना बरोबर!' यानी आपका हर आदिमपन स्वीकार्य है कैलाश को।

मैं कुछ देर वैसे ही बैठी रही फिर एक डगमग पत्थर का सहारा लेकर खड़ी हुई। बादलों के आसमान से हटते ही हवा का तीखा तेज़ असहनीय प्रवाह चल पड़ा। वह महिला जा चुकी थी। मैं अकेली खड़ी थी। दो-दो मोजों पर चप्पल फँसाए, मोटी जैकेट पहने मगर बिना टोपी! हवा मेरे कान में लगातार सीटी बजा रही थी और लग रहा था कान के पर्दे जमने को हैं। मगर मैं संज्ञा-शून्य और निश्चेष्ट खड़ी रही।

ये वन टू वन साक्षात्कार था कैलाश और मेरे बीच! मुझे अतिप्रसन्न होना था, उत्साह में भर नतमस्तक हो जाना था। कुछ नहीं तो उस ढलान की भीषणता और अंधेरे से डर जाना चाहिए था। लेकिन मेरे भीतर इतना भीषण वैराग्य जागा कि मेरे और कैलाश के बीच उस क्षण केवल महाशून्य था। मुझे नहीं पता था कि मैं सोलह हज़ार छः सौ फ़ीट की ऊँचाई पर, रात के तीन बजे डेरापुक नामक इस पहाड़ी के तीखे ढलान पर खुद को भूल कर क्या कर रही हूँ? ये कालिदास के ताज़े तराशे हाथी दांत-सा मोहक कैलाश, यहाँ बड़ी कोटरों जैसी अनेकों आँखों से मुझे क्यों ताक रहे हैं? ये आकाशगंगा इन पर ये चूर्ण सा क्या बरसा रही है?

मैं देख कर भी नहीं देख रही थी कि कैलाश के आस-पास की पर्वत श्रृंखला से बादलों के बीच-बीच में चाँद ऊपर उठ जाता था और अपनी चाँदनी फैलाने लगता था। उस चाँदनी में बर्फ़ से ढकी पर्वत चोटियाँ अजब ढंग से चमकती थीं जैसे उन पर किसी ने चाँदी के रंग का बुरादा फैला दिया हो। मैदानों की अपेक्षा पहाड़ों में आकाश जब साफ़ होता है तो कुछ ज़्यादा ही साफ़ होता है।

चाँदनी में डूबा यह समूचा नैसर्गिक दृश्य अब मुझे लुभाने लगा था।

इसमें एक इंद्रजाल एक सम्मोहन था। सिहरती उल्काओं के प्रकाश में, ब्रह्मांड की निस्सीमता में...विहंसती तारिकाओं के बीच में विराट और अटल कैलाश! इस धरा के रहस्यों पर चलता, आस्था के दीए की लौ की कोमल उष्णता में मोम सा पिघलता, शिखरों के मध्य चमकता पवित्र नदियों का उद्गम यह कैलाश मेरे समक्ष है। ओह! यह कौन-सा पल है—

तारीख-20 अगस्त 2018, दिन-सोमवार, हिन्दी महीना-सावन, तिथि-शुक्ल पक्ष, दशमी , समय-रात्रि 2.45 योग-ब्रह्म, करण-भद्रा, नक्षत्र-विशाखा।

कैलाश के सामने आने पर धीरे-धीरे मानव के समक्ष कैसे शाश्वत सत्यं शिवं और सुंदरं का उद्घाटन होने लगता है। मेरे रोंगटे खड़े हो गए थे एक अजीब किस्म का आनंद मेरे रोम-रोम में भर रहा था। क्या यही था वह अनहद आनंद। प्रकृति के अनहद आनंद के बीच प्रवृत्ति की चंचलता का पलायन। मैं इस वक्त भीतर बाहर से रिक्त थी। अब मैं ही द्रष्टा और मैं ही दृश्य थी। अब मुझे संपूर्णता का आभास था। रात मुझे नहीं मालूम नींद में बीती थी कि बेहोशी में? विश्वास के साथ कुछ कह नहीं सकती।

मन में जैसे कोई इच्छा शेष नहीं रह गई थी। सब कामनाएँ न जाने कहाँ बिला गई थीं। पाप रहित होने का तो मैं दावा नहीं कर सकती क्योंकि वहाँ मुझे पाप-पुण्य की विभाजक रेखा ही नहीं मिली। मन इच्छा रहित था। आँखें नम थीं। मुझे अनुभव हुआ कि मैं कैलाश में समाहित हो गई हूँ। अब इस सृष्टि में कोई अंतर नहीं था। मेरा मुझमें कुछ नहीं जो कुछ है सो तेरा। मेरे गालों पर पानी महसूस हुआ तो मैंने आकाश की तरफ़ देखा वह साफ़ था। मुझे हैरानी हुई कि मेरी ही आँखों से आँसू प्रवाहित हो रहे थे। मुझे नहीं मालूम मैं कितनी देर वहाँ खड़ी रही, जब मैं नहीं लौटी होऊँगी तो अंशु खोजते हुए आए होंगे। उस स्तब्धता को किसी हाल में भंग किया नहीं जा सकता था। वे भी खामोश मेरी बगल में थे दोनों की साँसें गूँज रही थीं। सन्नाटे में मेरी तेज़ और उखड़ी उनकी लयबद्ध, सधी।

पाँच मिनट बाद उन्हें याद आया तो वे कैमरा लेकर लौटे, जल्दी-जल्दी तस्वीरें लीं और कुछ मिनट के जादू को दिखाने के बाद बादलों ने फिर कैलाश को ढक लिया था। हम नि:शब्द अपने कमरे में लौट कर बिस्तरों में जा घुसे। कमरे में शीला जी परेशान थीं, हमने देखा कि उस महिला को दारचेन वापस

ले जाने के लिए घोड़ा आ गया था, वह दिमागी सूजन यानी हायपोक्सिया से लगभग बेहोश हो चुकी थी। स्वयं मेरे लिए भी इतनी देर तक बाहर खड़े रहने के कारण साँस लेना श्रमसाध्य हो रहा था। अंशु ने मुझे तुरंत ऑक्सीजन लेने को कहा। मैंने पाँच गहरे पफ़ लिए ऑक्सीजन सिलेंडर से, फिर सामान्य हो पाई। मैं उस महिला के लिए चिंतित हो गई कि सुबह के चार बजे अंधेरे में घोड़े पर दारचेन लौटना क्या आसान होगा? कितनी भीषण हवा और ठंड! मगर या तो पीछे जाया जा सकता था या आगे? आगे तो भीषण दुर्गमता थी, डोल्मा-ला पीक, उन्नीस हज़ार फ़ीट पर। उस महिला के जाने पर मैं सोई ही होऊँगी कि एक घंटे में ही फिर हलचल आरंभ हो गई थी। पॉनीवाले आकर शोर मचाने लगे थे—चलो-चलो! हम लेटे रहे क्योंकि हमें पैदल जाना था।

अगली सुबह बीस अगस्त को, घोड़ों पर जाने वाले लोगों के घोड़ेवाले आ-आकर दरवाज़े पर दस्तक देने लगे थे। पैदल चलने वालों को तो पहले निकलना था सो हमने चाय और ब्रेड के कुछ निवाले खाए। बॉर्नवीटा अंशु को सख्त नापसंद है पर उस रोज़ हमने एक-एक गिलास पिया। हमारे शेरपा श्याम भैया आ गए। वे हमें सुबह उठकर भी डेरापुक के डेरे से निकाल कर एक जगह ले गए, वहाँ हमने देखा बादलों को भेद सूर्य की किरणें कैलाश को पिघलते सोने से नहला रही थीं। आसमान में सतरंगी रोशनी के पुंज मुझे ही दिख रहे थे कि दृष्टिभ्रम था। न! कोई सपना सलोना नहीं था। परावर्तित किरणों का जादू ही था। अंशु ने कैमरा साधा और ढेर सारी तस्वीरें ले डालीं। सुबह हवा शांत थी, जहाँ तक दृष्टिगोचर था संपूर्ण जगत समाधिलीन था। कैलाश के उत्तर मुख से हम विदा लेने वाले थे।

*नमामि देवं वरदं परेण्यं नमामि देवं च सदा सनातनं।*
*नमामि देवाधिमी श्वरं नमामि शंभूं जगदेकबन्धु॥*

*(स्कंदपुराण के केदारखंड का शिव-स्त्रोत)*

हम तीनों सुबह साढ़े छः बजे चलना आरंभ हुए। रास्ते में भी हमने सूरज को कैलाश पर पूरी तरह पड़ते देखा, एक सुनहरी आग में जलते हों मानो...। लेकिन आधे घंटे के अन्दर ही खच्चरों पर सवार होकर हमारे ग्रुप के लोग जब तक निकले ही होंगे कि अचानक ही मौसम बदल गया। बादलों ने समूचे दृश्य पर पटाक्षेप कर दिया। जब हम चढ़ाई चढ़ने लगे तो एक भीगी-भीगी धुँध में

बस अगले दस कदम दिखते, फिर हल्की-हल्की बारिश शुरू हो गई, चारों तरफ़ सन्नाटा-सा था। केवल ऊपर कहीं से खच्चरों के हाँफने की आवाज़ आती। उसके बाद हल्की बर्फ़ गिरने लगी। बादलों और कोहरे ने नवोन्मेष लेती नीलिमा मानो लील ली थी। हर ओर धूसर। मेरे मन का मौसम भी अचानक बदल गया, मेरा मनोबल टूटने लगा। फ़िलहाल हमें साढ़े तीन हज़ार फ़ीट की खड़ी चढ़ाई तीन किलोमीटर में तय करनी थी। मौसम को बिगड़ते देख, उबड़-खाबड़ रास्तों पर जमी बर्फ़ देख मुझे रोना आने लगा। अंशु मुझे समझा रहे थे कि हम अपनी गति से चलेंगे रुक-रुक कर। मगर शरीर पर पहने कपड़े और हाथ में पकड़ी स्टिक्स ही बोझ लग रही थीं। हालाँकि खूब किताबें पढ़कर और यूट्यूब से जानकर मैंने लेयर्स में कपड़े पहने थे। एक वुलन इनर, पूरी बाँह की टी शर्ट, पतला स्वेटर, जैकेट, उस पर रेनकोट। तो इंसुलेशन बन जाने के कारण बचाव अधिक था और वज़न कम।

बुखार बना हुआ था। लेकिन श्याम भैया कहते हैं न कि किसी पहाड़ को चढ़ने से पहले मन का पहाड़ चढ़ना होता है। बस उन्होंने हिम्मत दिलाई। अंशु ने हाथ थामा और हम चलने लगे। तभी मेघ भी आकर मेरे मुख पर कोमलता से छा गया। मानो कहता हो, 'अलकानगरी पहुँचना है न?'

मैंने खुद को सँभाला। मैं हर दस कदम पर रुक रही थी, मगर चल भी रही थी। अंशु और श्याम जी की नज़र मुझ पर थी, मगर वे दोनों भी चुप थे मानो किसी का बोलने का ही मन न हो। अंशु ने मुझे अंजीर बर्फ़ी दी जेब से निकाल कर। मैंने उसे टूंगना शुरू कर दिया तो मन हल्का हुआ, कुंद दिमाग चलने लगा। मैं सोचने लगी कि पुराणों में कैलाश को ब्रह्मांड की नाभि कहा जाता है। कैलाशक्षेत्र में होने का अर्थ क्या सच में पृथ्वी की नाभि पर होना है? भले ही आपको ऑक्सीजन की कमी पड़ती हो उस ऊँचाई पर लेकिन आपकी आत्मा तृप्त रहती है।

जब चल कर शरीर गर्म हो गया, गालों पर खून उतर आया तो वही बर्फ़ के रुई-से फ़ाहे भले लगने लगे लेकिन आनंद निषेध ही था उस चढ़ाई पर। स्टिक गड़ा-गड़ा कर फ़ासला लाँघना था। कल्पना कीजिए और डिवाइड करिए साढ़े तीन हज़ार फ़ीट को तीन किलोमीटर में। पैर वक्ष तक उठा-उठा कर चढ़ना था। साथ में लड़खड़ाते सँभलते खच्चर भी चल रहे थे। कैमरा

निकालना तो गुनाह होता। बल्कि मोबाइल भी जेब में बना रहा, हाथों के दास्तानों से उसे थामना बेवक़ूफ़ी थी। कैलाश भी बर्फ़ीले बादलों के पीछे जा लुके थे। मैं हर दस मिनट पर हाँफ रही थी और हर आधे घंटे में श्याम भैया मुझे और अंशु को गर्म चाय पिलाते। फेफड़े पूरी ताकत लगा कर चल रहे थे, मगर साँस थी कि बीच-बीच में जम जाती। मैं तो श्याम भैया को देख हैरत में थी कि कैसे वे हमारा सामान लिए जल्दी-जल्दी चल रहे थे। हमने पूरी कोशिश की थी कि हम सामान एकदम कम रखें। पैसे देकर अमानवीय होना मैंने और अंशु दोनों ने नहीं सीखा। उनके पास केवल मेरे एक जोड़ी कपड़े का पतला बैग, फ़ौजी हबी तो ट्रेन्ड हैं, कपड़े बदलने को तरजीह नहीं देते। उसके अलावा बॉटल पानी, चाय का थर्मस और कैमरा था बस। जिससे वे आराम से चल पाते। मगर टूर ऑपरेटर्स का सामान ले जाने की ज़िम्मेदारी भी उनकी थी। और कुछ पैसे कमा लेने के लालच में उन्होंने एक और पैदल यात्री का सामान लाद लिया था। पैंतालीस साल के उस फ़ुर्तीले नेपाली शेरपा का जीवट देख मैं हैरान थी।

श्याम शेरपा अनुभवों से ज्ञानी, बातों के धनी, नेपाल की भीषण भूकंप विपदा में सब कुछ खोकर भी फिर उठ कर घर-खेत तैयार करने वाले साहसी और जीवट वाले व्यक्ति हैं। कितने एवरेस्ट यात्रियों को बेस कैम्प तक ले कर गए हैं, सैकड़ों कैलाश यात्रियों संग सामान उठा कर चले हैं। नेपाल, तिब्बत के चप्पे-चप्पे के भूगोल से वाकिफ़, देशी-विदेशी विद्वानों, जिज्ञासुओं की लंबी संगत के चलते वनस्पति से लेकर चिड़ियों तक के हिन्दी, अंग्रेज़ी, नेपाली, तिब्बती नाम जानते हैं। बौद्ध कथाएँ, पुराण कथाएँ कंठस्थ...हर नदी, हर सरोवर, हर पहाड़ की गाथा कहते चल रहे थे। जवान बेटियों के पिता उनके ब्याह की चिंता भी बीच-बीच में व्यक्त करते। मोबाइल में खेतों में काम करती बेटियों के फ़ोटो दिखाते (जो कॉलेज भी जाती हैं, पिता की खेती में मदद भी करती हैं, क्योंकि यात्रा तो बस तीन महीने की।) कभी अपने घर के आँगन के खुबानी के बहुतायत में फलने की कथा कहते-कहते खूबानी को मीठा बनाने की रेसिपी बताने लगते। उनकी बातों की कड़ियाँ और लच्छे सँभालते हुए मैं इतनी चक्करघिन्नी हुई कि कई बातें भूल गईं, जो याद रहीं बताती चलूँगी।

डोल्मा-ला की सर्द बुलंदियाँ अभी हमारा इंतज़ार कर रही थीं। उन्नीस हज़ार फ़ीट और डोल्मा-ला पास। जैसे-जैसे ऊपर चढ़ रहे थे हवा में ऑक्सीजन कम हो रही थी। लग रहा था इस साँस के बाद अगली साँस कैसे लूँगी? पैरों में पत्थर बंध गए थे। अपने पैंसठ किलो भारी शरीर को ढोना...मेरे हाल खस्ता थे। मैंने जैकेट उतार दी, अंशु ने थाम ली, एक हाथ से मेरी बाँह भी। मैं कब तक अंशु पर बोझ बनती मैंने साहस एकत्र किया...कैलाश पीछे छूट रहे थे। बस यही अंतिम दर्शन थे। डेरापुक से संकरी चढ़ाई पर बढ़ना शुरू किया लेकिन नज़रें सिर्फ़ कैलाश पर टिकी हैं, यहाँ के बाद अगले दो रोज़ कैलाश के दर्शन नहीं होंगे। रुककर इस चमत्कारी पल को देखना चाहती हूँ।

रास्ते में रात में गिरी हुई बर्फ़ की हल्की सफ़ेद चादर बिछी हुई थी और सामने कैलाश कभी बादलों के पीछे ओझल होते तो कभी अपने पर्वतीय किले के पीछे लेकिन बीच-बीच में पुनः दर्शन देकर कहते अधीर मत हो मैं तुम्हारे साथ हूँ।

परिक्रमा मार्ग में जगह-जगह कचरा पात्र रखे हुए थे लेकिन कोई भारतीय यात्री इनका इस्तेमाल नहीं कर रहा था। मैंने देखा लोग प्लास्टिक की थैलियाँ, बॉटल्स और चॉकलेट रेपर्स फेंकते जा रहे थे और घोड़ेवाले जो थे या तिब्बती लोग थे उनको उठा-उठा कर कचरे के डब्बे में फेंक रहे थे हम भारतीयों की इस गंदी आदत से मैं बार-बार शर्मिंदा होती हूँ।

वैसे तो पारंपरिक रास्ते से कैलाश की यात्रा करने वाले यात्रियों की संख्या निश्चित होती है लेकिन नेपाल के माध्यम से निजी एजेंसियाँ इतनी ज़्यादा यात्रियों को यहाँ लाने लगी हैं कि मुझे लग रहा था कि यहाँ पर थोड़े समय बाद बहुत गंदगी फैलने वाली है। हालाँकि चीनी सरकार अपनी तरफ़ से व्यवस्था करती है। मानसरोवर पर भी नहाने पर प्रतिबंध हो गया है, कपड़े छोड़ने पर भी।

कल से जब से मेरी परिक्रमा शुरू हुई है यमद्वार से मैं देख रही हूँ कि तिब्बती युवक, युवतियाँ, बच्चे और वृद्ध अपने हाथ में माला लिए हुए 'ओम मणि पद्मे हुं' का जाप करते हुए परिक्रमा पथ पर चलते जा रहे थे ना केवल तिब्बती लोग बल्कि जापान से, कोरिया से और चीन के अन्य भागों से भी बहुत लोग कैलाश परिक्रमा के लिए आए हुए थे। बल्कि घोड़ेवाले भी हाथ में

माला लिए हुए मन-ही-मन मंत्रों का जाप करते चलते थे, मेरी हैरानी के लिए, मैंने देखा साष्टांग दंडवत परिक्रमा भी तिब्बती करते हैं। ऐसे अनेक श्रद्धालु मुझे रास्ते में मिले। इस 52 किलोमीटर की ऊबड़-खाबड़, भयानक ठंड और ऊँचाई वाली परिक्रमा पथ पर ऐसे श्रद्धालुओं को देखकर मेरा मन आस्था से भर गया। कहते हैं कि कैलाश की दंडवत यात्रा करने में लगभग 4 सप्ताह का समय लगता है। तिब्बती पैदल परिक्रमाकारियों ने मुझे बताया कि वह तो कैलाश की परिक्रमा एक दिन में ही पूरी करते हैं। जहाँ मैं हाँफ-हाँफ कर चल रही थी, वहीं तिब्बती बच्चे मेरे सामने से दौड़-दौड़ कर निकल रहे थे।

'बाइबिल' कहती है—ईश्वर और शैतान दोनों ही भीषण ऊँचाइयों पर रहते हैं। 'बाइबिल' कुछ भी कहे, हमारे दर्शन में बकौल श्याम भैया—हम पहले मन का पहाड़ चढ़ चुके थे अब लौटने का कोई रास्ता न था। बस चढ़ते रहना था क्योंकि उस दिन ज्यों-ज्यों डोल्मा-ला पास दिखने लगा मुझे इस बात में यकीन होने लगा कि पहाड़ों की चोटियाँ महज़ बर्फ़ और चट्टानों से नहीं बनी होतीं, वे सपनों और जुनूनों से भी बनी होती हैं। ये दिमाग के पहाड़ हैं, जिनको पार कर लो तो सब आसान...देह की सीमाएँ जब पीछे छूट जाती हैं तब दिमागों के पहाड़ आते हैं...आदिमपन ही जीत सकता है इन असली पहाड़ों का दिल।

मैंने डोल्मा-ला की ऊँचाई पैदल चढ़ते हुए देखा कि कई लोगों के खच्चर किसी भी भयानक खाई के पास जाकर हरे पौधे पर मुँह मारने लगते। मेरे हलक में से चीख निकल जाती थी तो सवारों का क्या होता होगा? यह देख कर मैं अपने पैदल चलने के निर्णय पर खुद को शाबाशी देते हुए अपने थके हुए पैर आगे बढ़ा देती और विरल हवा में गहरी-गहरी साँसें लेती।

आखिरकार हमने डोल्मा-ला पास चढ़ लिया। मैं खुशी से थरथरा रही थी। पतले बर्फ़ीले मार्ग पर आगे डोल्मा (तारादेवी) की शिला थी, यहाँ दर्रा बेहद संकरा हो जाता है। तिब्बती तीर्थयात्री छोटे-छोटे झुंड बनाकर ढलानों पर बैठ पूजा कर रहे थे। याक का मक्खन इन शिलाओं पर लगा है। ऐसी हवा में भी कुछ दीये हैं जो टिमटिमा रहे हैं। डोल्मा-ला दर्रा के रास्ते में कई स्थानों पर तिब्बती आस्थावानों द्वारा बाँधी गई हज़ारों पताकाएँ दिख रही थीं, जो हवा चलने पर फड़फड़ातीं मगर रात को हुई बर्फ़बारी के कारण सैंकड़ों झंडे

बर्फ़ में लिथड़ रहे थे, जिन पर प्रार्थनाएँ लिखी थीं। साधारणतया ये झंडियाँ स्तूपों पर लटक हवा में लहराया करती हैं। ताकि हर लहर के साथ ये मंत्र अंतरिक्ष में प्रसारित हों। ये मंत्र आह्वान करते हैं लामाओं का, देवताओं का, राह दिखाने वाले देवदूतों का, डोल्मा (तारा) जैसी स्वास्थ्य की देवी का। इन झंडों पर कई बार लगाने वाले का नाम भी होता है, बाकी रहस्यवादी मंत्र 'ऊँ मणि पद्मे हुँ' अंकित होता है। अर्थात् कमल में निहित मणि की जय हो। ये शब्द संसार भर के बौद्ध स्थानों के आसमानों में प्रसारित होते रहते हैं। ये झंडे अंतरिक्ष से प्रार्थनाओं के बदले सौभाग्य लाते हैं। डोल्मा-ला पर काफ़ी बर्फ़ थी। डोल्मा यानी तारा! इसे मां तारा का स्थान माना जाता है और परिक्रमा पथ की सर्वाधिक ऊँचाई वाला स्थल है। तभी किसी तिब्बती ने आवाज़ बुलंद की... सोस्यो...सोस्यो। इस बार मैं भी उनके साथ चिल्ला रही थी...सोस्यो...सोस्यो...

रास्ते में जगह-जगह तिब्बतियों के पूजा स्थल थे जिनको चीन ने मिटा दिया था लेकिन फिर भी वह सिर नवाकर पैदल परिक्रमा कर मणिमंत्र पढ़ कर आज भी अपनी भावनाएँ निवेदित करते हैं। कई सारी दमनकारी क्रूर और निर्मम घटनाओं के बाद भी चीन के शासक इन आस्थावान तिब्बतियों के हृदय से बुद्ध की आस्था के बीज को निकाल नहीं पाए। न ही उनके विश्वास को खंडित कर पाए आज तक। डोल्मा-ला पर पिछली दो रातों से बरसी बर्फ़ थी। चलो तो धंसती थी। यह रास्ता बहुत संकरा था। मगर हम कुछ ही मिनट रुक सकते थे। पैरों में रंगीन कपड़ों के झंडों की कतारें लिपटी जा रही थीं। उस पर बर्फ़ के धंसाव। मैं एक चट्टान पर टिक गई। अंशु और श्याम भैया आगे जाकर एक चट्टान पर टिके हुए थे, अंशु कैमरा निकलवा कर फ़ोटो खींचना चाहते थे। मैं आगे चल पड़ी। बीच में चार किलोमीटर ग्लेशियर भी था। जिसमें पूरी संभावना थी कि मैं एक बार गिर जाती लेकिन मैंने बिना गिरे इस ग्लेशियर को पार कर लिया। मुझमें से ऊर्जा का स्रोत फूटा पड़ रहा था। मानो प्रकृति सरल मार्ग, फिर कठिन, अत्यंत सरल और बहुत कठिन मार्ग का कोई खेल खेल रही थी, मैं खुद को भूल कर यह चुनौती उठा रही थी। हमारे शेरपा हमें बार-बार निर्देश दे रहे थे, ''सँभलकर मैडम लकड़ी की नोक बर्फ़ में गड़ा-गड़ा कर चलो और ज़रा-सा लकड़ी पर झुक कर, हाँ, ऐसे ही ठीक है।''

हम आगे-पीछे थे, क्योंकि अंशु के ऊपर फ़ोटोग्राफ़ी की ज़िम्मेदारी थी और मुझ पर सकुशल चलते रहने की। थोड़ा आगे चलूँ तो बेहतर क्योंकि मैं हर पाँच मिनट में थक कर बैठ जो जाती थी। मगर सूक्ष्म अनूठे अनुभवों के लिये मैंने आत्मा को विवस्त्र कर दिया था। ऐसे ही बर्फ़ ढके पर्वतों के सहस्त्र दलों के बीच में मैं हाँफती हुई खड़ी थी। एक अज्ञात आकर्षण ने मेरा दिल भींच लिया। एक हूक उट्ठी! अज्ञात ने प्रत्युत्तर दिया। मेरे आगे एक लामा मैरून लबादा पहने जल्दी-जल्दी जा रहा था। वह कुछ दूर जाकर पलटा मेरी ओर...पास आकर मेरी हथेलियाँ जो दस्तानों से अभी ही मुक्त की थीं मैंने, उनमें ढेर सारी मिल्क चॉकलेट भर दीं। वह अधेड़ वयस था, चेहरे पर ममता और पीड़ा दोनों थे। वह हिन्दी-अंग्रेज़ी दोनों में बोला—"आपका राज्य में हमारा गुरुजी रहता। आय रेसपेक्ट इंडियन्स।"

मैंने कहा—"कौन? दलाईलामा?"

उसने "श्शश" करके मुझे चुप रहने को कहा और ग्लेशियर की ओर जाने वाली ढलान पर बढ़ गया। मैंने उस अज्ञात को महसूस कर लिया। हाँ, अज्ञात के अपने हविष्य और मंत्र होते हैं। मुझे कहीं से हवनसामग्री की महक आने लगी, एक तिब्बती स्त्री के हाथों में एक छोटे कमंडल जैसा बंद दीया था। कलाइयों में मणिमाला बँधी थी, उसका हाथ पकड़े एक छोटी बच्ची दौड़ती चली जा रही थी, इस असीम ऊँचाई पर और मेरी साँस थी कि रह-रह कर ऑक्सीजन माँग रही थी। मुँह खोल-खोल कर साँस के प्रयास में मेरा रक्तचाप बढ़-घट रहा था।

हम हिन्दू तो क्या ही कैलाश-परिक्रमा करते हैं, एक परिक्रमा तक में हर क्षण असुविधा का रोना रोते हैं। बेचारे खच्चरों पर अपने वसायुक्त शरीर को लाद कर चलते हैं। तिब्बती लोग एक साथ तीन या तेरह परिक्रमा का महत्त्व मानते हैं और अनेक यात्री तो ऐसे मिले जो दंडप्रणिपात करके परिक्रमा पूरी कर रहे थे। उनकी धारणा यह है कि एक परिक्रमा करने से एक जन्म का, दस परिक्रमाएँ करने से एक कल्प का पाप नष्ट हो जाता है। जो 108 परिक्रमाएँ पूरी करते हैं, उन्हें जन्म-मरण से मुक्ति मिल जाती है।

मैंने पास की चट्टानों पर बने किसी बर्फ़ीले लैपर्ड के पगमार्क देखे, मेरा एक हाथ मुक्त था। छड़ी बगल में पटक कर फ़ोटो ले ली। मन-ही-मन

मैं खूब उल्लास में थी। बर्फ़ जमी चोटियाँ आस-पास थीं, अनंत को चूमती हुईं। मुझे उस पल लगा जो लोग पर्वतों को देख सम्मोहित हो जाते हैं उनके चारित्रिक भटकाव फिर कम हो जाते होंगे। पहाड़ जीने की हड़बड़ी को कम जो करते हैं। अनवरत चलते-चलते, चढ़ते-ढुलकते कुछ समय को वैराग्य और अनंतता में जीने का यकीन दिला देते हैं। डोल्मा-ला के आगे घोड़ों पर सवार लोगों को भी उतरकर पैदल चलना होता है। भीषण चढ़ाई के बाद छः किलोमीटर की भीषण उतराई भी असली परीक्षा है। हम एक ग्लेशियर पर बहुत एहतियात से चल कर आगे गौरी कुंड तक पहुँचे। गौरी कुंड बहुत नीचे अवस्थित था। जहाँ आम आदमी तो जाने की हिम्मत न करे पर कुली, शेरपा, घोड़ेवाले अतिरिक्त मूल्य के लालच में जान जोखिम में डाल कर उतर जाते हैं। कई बॉटल्स लाकर यात्रियों को पाँच सौ रुपए में बेचते हैं। मान्यता है कि गौरीकुंड के पानी को कुछ बूँद पानी में मिला कर नहाने से समस्त रोग दूर हो जाते हैं।

आह, मगर गौरी कुंड क्या था। चाँदी की अँगूठी में पन्ने का नगीना। देखते रह जाओ, कैलाश से उतर कर भवानी भला इस भीषण गहराई में नहाने क्यों आती होंगी? श्याम भैया बोले, "बस दस मिनट में उतर कर ले आऊँगा।" उस पतली-सी पगडंडी पर खड़े रहना आसान न था, सो अंशु ने कहा कि मैं आगे चलूँ। अंशु श्याम भैया संग गौरी कुंड का पानी लेने को पीछे रुक गए। रास्ते में मैं एक युवा जापानी जोड़े से मित्रता कर चुकी थी, सो उनके संग चल पड़ी। अब कुछ दूर समतल और उसके बाद उतराव था। बरसात थम गई थी। मंद हवा थकान काफ़ूर कर रही थी। बादल छँट गए थे। हम चल रहे थे, एक तिब्बती गाइड जो हमारे गुजराती ग्रुप का ही था मुझे रास्ते में पैदल चलता मिल गया था, वह भी हमारे पीछे रास्ता सुझाता साथ चल रहा था। जापानी यंगस्टर्स आपस में मस्ती करते चल रहे थे। हमारे समानांतर दाहिनी ओर भूरे अजीबोगरीब आकार के पहाड़ थे। कई तो ऐसे मानो किसी बचकाने ने चट्टान पर चट्टान रख बेतरतीब मीनार बना दी हो, कुछ ऐसे कि जिनमें बड़ी-बड़ी गुफ़ाएँ, जिनके गलियारे तक दिख रहे थे। कैलाश इन्हीं पर्वतों के पीछे ही छिपे रहे। इन पर्वतों को देखकर लग रहा था कि कैलाश इन रहस्यमय प्राचीरों वाले दुर्गम किले के भीतर रहते हैं। यह बुर्ज शिव के गण हैं, जो कैलाश परिसर की रखवाली करते हैं। सुबह के दस बजे होंगे

कि भूरे बिना बर्फ़ के पहाड़ों पर गर्र-गर्र दहाड़ने जैसी आवाज़ आई। मुझे लगा यकीनन यहाँ स्नो लैपर्ड है। क्योंकि मैंने डोल्मा-ला में पैरों के निशान जो देखे थे। मैं इस प्रत्याशा में ठिठक कर खड़ी हो गई कि शायद स्नो लैपर्ड दिख जाएँ। वे ऐसे पहाड़ों और उपत्यकाओं में ही रहते हैं। मैं वहाँ जाकर मुँह ऊपर कर उन पहाड़ों की ओर देखती उधर को ही बढ़ी। उन जापानी बच्चों को भी आवाज़ देकर बुला लिया...हज़रत मेघ वहाँ उस मीनार जैसे पहाड़ से कुछ दूर हटकर बिजली चमका रहे थे। हमने मुँह बिचका दिया। एक तेज़ आवाज़ फिर हुई...गर्र...डर्र...ड

तभी तिब्बती गाइड दौड़ कर आया और उसने बुरी तरह मेरा हाथ पकड़ कर पहाड़ों से विपरीत दिशा में खींचा, वहाँ ले चला जहाँ पगडंडी पर परिक्रमा चलती थी। एक दिशा में मुझे धकेल कर कहा—रन-रन डोंट स्टॉप! वे जापानी बच्चे मुझ तक पहुँचे नहीं थे। वे गाइड की आवाज़ रन-रन सुन कर पलट कर भागे। मैं भी...तभी उस बेतरतीब मीनारनुमा पहाड़ से मोटी चट्टान धड़धड़ा कर लुढ़की...हम भागते रहे, भागते रहे और वह चट्टान वहाँ जाकर धँसी जहाँ मैं कुछ पल पहले खिलखिलाती हुई पर्वतों की गुफ़ाओं में स्नो लैपर्ड के दर्शन के चाव में खड़ी थी। मैं तो चकरा गई। आगे जाकर सेफ़ ज़ोन में सर थाम कर बैठ गई। मेघ मेरे बगल से फुहार बरसाता गुज़र गया, शेरपा श्याम भैया की बात याद आई।

"सर ऐसे एकदम नहीं हो जाता लैंडस्लाइड, नेचर वॉर्निंग देती है सर! पहाड़ों को सुनना, रेसपेक्ट देना पड़ता है। माउंटेन गोट तक समझती है पहाड़ की वॉर्निंग।" बाद में तो स्नो लैपर्ड के पगमार्क का रहस्य भी खुल गया था। पता चला शाम ढलने पर डोल्मा-ला पर जंगली भेड़ियों का आतंक बढ़ जाता है। वे मार्क उन भेड़ियों के पैरों के थे।

यकीनन, मुझे मृत्यु के इस पहले साक्षात्कार के बाद अनुभव हो गया था कि अपनी चेतना और अवचेतन को पहाड़ों में धार देकर रखना होता है। अतिरिक्त संज्ञा जगानी होती है। पहाड़ों की आकस्मिकता की कल्पना हम कर ही नहीं सकते। वे कहीं जटिल और अबूझ हैं। मैं मन-ही-मन काँप रही थी और एक समतल घास वाली जगह पर बैठ कर अंशु का इंतज़ार करने लगी क्योंकि बहुत गहरी ढलान थी। मैं वहाँ बैठे-बैठे बड़ी दार्शनिक बन गई थी।

मैं कुछ-कुछ सोच रही थी बल्कि फ़ोन में नोट्स निकाल कर लिखा भी।

आदमी जीवन में दैहिक दुख से छुटकारा चाहता है और साहस एकत्र कर आस्था के लिए इसी देह के लिए कष्टों को आमंत्रित करता है। सच पूछो तो इसी में आदमी की विकास यात्रा का रहस्य छुपा है। मेरे बगल में लाल चोंच वाले कव्वे खेल रहे थे। इन्हें हिमालयन चॉफ्स कहते हैं, कव्वों की ही प्रजाति के हैं, आकार में छोटे होते हैं मगर चोंच उनकी नारंगी या लाल होती है। कांव-कांव नहीं करते...च्यूंई च्यूंई की मोहक आवाज़ निकालते हैं। मैंने उनको नाम दिया—सुरीले कव्वे! मैं बैठी तो आस-पास आ गए किसी खाद्य सामग्री के चाव में। मेरे पास भुने चने थे मैंने बिखरा दिये। वे और पास आ गए। यह खेल जब अधिक लंबा खिंच गया तो मुझे अंशु की याद आने लगी, श्याम भैया भी नदारद? मुझे चिंता हुई।

गुज्जू ग्रुप घोड़ों को छोड़ गहरा ढलान पैदल उतर रहा था, सत्तर साल की दोनों अध्यापिका बहनें अपने साइज़ से बड़े जूते पहन कर चल रही थीं। तिब्बती गाइड और उनकी घोड़े वालियाँ उनको पकड़-पकड़ कर भीषण, खतरनाक ढलानों को उतरवा रहे थे। पूरा ग्रुप नीचे ढलानों में गायब हो गया, वह शून्य मुझे डराने सा लगा। मैंने सोचा कि अकेले ही उतरा जाए, अचानक मैं उठी और मुड़ी कि मुझे ब्लैकाउट हो गया और मैं गिर गई गनीमत है। समतल स्थान था।

हमारे गुजराती ग्रुप के एक सज्जन वहाँ से गुज़र रहे थे, उन्होंने दौड़ कर मुझे उठाया, एनर्जी ड्रिंक दिया। ये वही महोदय थे, जिनके लगातार बोलने से मुझे बस में चिढ़ हो रही थी। मुझे इस बात पर फिर ग्लानि हुई कि मैंने अक्सर लोगों को गलत समझा है। मेरे घुटने में चोट आई थी लेकिन थोड़ी-सी मालिश के बाद मैं चल पड़ी। तब अंशु और श्याम दिखे। मैं खीज गई।

"यार! गौरीकुंड का जल लाने में दो घंटे लग गए? पता है मेरे साथ क्या बीता?"

इस पर अंशु बोले—"जो हम पर बीता वह सुन कर तुम परेशान हो जाओगी।"

"क्या?" मेरा चेहरा सफ़ेद पड़ गया। मगर अंशु उदास खामोशी ओढ़े

बोले, ''चलो बताते हैं।'' तब श्याम भैया ने ढलान उतरते-उतरते बताया—

''मैम, एक पचास साल का आदमी घोड़े से उतरा और बेहोश हो गया। उसकी वाईफ़ उसके पास बैठ कर रो रही थी। सर ने सीपीआर दिया, उसके मुँह में बैग से निकाल कर सॉर्बिटेट की गोली डाली। मैंने मुँह से साँस देने की कोशिश की...लेकिन वह मर चुका था।''

अंशु मेरा हाथ पकड़ कर चुपचाप भीषण ढलानें पार कराते रहे। मेरी आँखों से आंसू बह रहे थे। हाँ, कैलाश आपसे कुछ नहीं मांगता, लौटाता ज़रूर है आपको, आपका शून्य। आपका अहम् चूर्ण हो जाता है और आपकी आत्मा बस अमूर्त श्लोक अपने आप बुदबुदाने लगती है।

ग्लेशियर की फिसलन से निकले कि हम भीषण ढलान वाले रास्ते पर बढ़े। ढलान और नीचे अपना लक्ष्य देख मुझे तो फिर चक्कर आ जाते। मगर बूढ़ी मास्टरनी जी को बढ़ते देख हिम्मत जुटाई। कुछ बहते धारों को पीछे छोड़ते हुए हम ढलान पर उतरने लगे। ज़रा चूके कि गये, सो बहुत कैलकुलेट कर-कर के एक-एक पत्थर पर पैर रख रही थी मैं। मेरी दाहिनी ओर बर्फ़ की पतली परत जमी थी, चट्टानों के नीचे की घास में, जो धूप से पिघल कर पत्थरों को फिसलना बना रही थी। यह बहुत खतरनाक उतार था। यहाँ तो घोड़ेवाले भी यह छः किलोमीटर का उतार यात्रियों से पैदल करवाते हैं। घोड़े दूर लंबे रास्ते से नीचे पहुँचते हैं। या इसी रस्ते से बिना यात्री के। चढ़ाई चढ़ते हुए तो पाँव पीछे को टिके रहते हैं लेकिन उतराई के समय ऐसे पथरीले भीषण ढलान पर मुँह के बल गिरने की पूरी संभावना रहती है।

मैंने अपनी तैयारियों का शुक्रिया अदा किया कि मैंने अपना वज़न कुछ कम कर लिया था और मांसपेशियाँ मज़बूत कर ली थीं। संतुलन भी शरीर ने सीखा था। वहाँ आस-पास की चट्टानों को पकड़कर या बैठकर लोग उतर रहे थे। मेरे पास भी वॉकिंग-स्टिक के सहारे के अलावा कुछ नहीं था। रास्ता खोज-खोज कर आगे चलना था, श्याम जी यह काम बखूबी कर रहे थे। उनके पीछे अंशु और मैं सबसे पीछे थी। कोई बर्फ़ीली चट्टान रास्ता रोके खड़ी मिलती तो घूमकर कोई संकरी फिसलनी गैल पर बैठ कर खिसकना होता। नीचे गहरी घाटी थी।

मैं हैरान थी कि ढीले जूते पहन कर वो बूढ़ी मास्टरनियाँ बहनें कैसे उतरी होंगी यह रास्ता? थैंक गॉड वह बेहद मोटी साड़ी पहनने वाली महिला दारचेन में रुक गई। आ जाती तो? उसका पति बहुत खीजा हुआ था उसके कारण आ न सका। छः किलोमीटर की तीखी, पथरीली, फिसलनी ढलान जिसे कई जगह बैठ-बैठ कर उतरना पड़ा, हमने पार कर ली।

हम लगभग 12:00 बजे नीचे समतल में बने सैप्ची ट्रेक्टो नामक स्थान पर पहुँचे, वहाँ अस्थाई दुकानें थीं जहाँ पर चाय, अल्पाहार मैगी वगैरह मिल रहे थे, वहाँ रुककर हमने तिब्बती चाय पी, जो मुझे चैतन्य कर गई। वह कप भर नहीं मिलती। पूरे तांबे के नक्काशीदार जग में भरकर मिलती है। यहाँ चाय असाधारण रूप से जीवनदायिनी और तिब्बती भोजन का ज़रूरी हिस्सा मानी जाती है। हमारे सामने वाली मेज़ पर संभ्रांत तिब्बतियों का एक पारिवारिक हुजूम चाय पीता बतिया रहा था। पारम्परिक चाँदी के ज़ेवर पहने और रेशमी और ऊनी तिब्बती लिबास पहने लाल गालों वाली महिलाएँ, मज़बूत लम्बे ताम्बई त्वचा वाले पुरुष, जापानी गुड़िया-गुड्डों से बच्चे! सभी के गालों की हड्डी ऊँची थी, सीधे काले बाल, काली चमकती आँखें।

चाय के साथ हमने मैगी खाई। इस सुंदर विश्राम-स्थल पर यात्रियों ने जम कर गंदगी फैला रखी थी। जबकि पूरे परिक्रमा मार्ग में कचरा-पात्र हैं। यह काम हम निकम्मे भारतीयों का ही है जो समान दूरी पर कचरा-पात्र उपलब्ध होने पर भी जहाँ खड़े हैं वहाँ कचरा फेंकने में जाहिल किस्म का सुख पाते हैं। जहाँ मर्ज़ी आई खाली रैपर, प्लास्टिक बॉटल्स, पॉलीथीन फेंक देंगे। फिर उम्मीद करेंगे सफ़ाई रखे सरकार या वे जहाँ हैं वहाँ की सरकार। सीना कूट-कूट कर व्यवस्था को कोसने में तो माहिर हैं हम लोग। नागरिक अधिकार तो सारे याद रहते हैं, नागरिक कर्तव्य कौन निबाहेगा भाई? ज़ुर्माना नहीं देंगे, रिश्वत दे देंगे और सामने वाला भी रिश्वत लेने में शान समझेगा।

कोई शक नहीं मुझे कि कैलाश-मार्ग पर एक दिन सुंदर आकार के शिवमय कंकरों के स्थान पर प्लास्टिक कचरा मिलेगा। हरी घाटियाँ प्लास्टिक से भर जाएँगी। निजी एजेंसियाँ तो अपना लाभ देखती हैं, कैलाश पर परिक्रमा करने वाले एवरेस्ट की तरह ही बढ़ते जा रहे हैं।

एक दिन तंग आकर चीन फिर यह आवागमन बंद कर देगा। भले

तिब्बत के इस ठंडे रेगिस्तान में जीवनयापन के लिये यात्रियों पर निर्भर रहने वाली जनता भाड़ में जाए।

हम वहाँ से कुछ आगे चले तब साहस करके मैंने अंशु को अपने साथ हुए हादसे के बारे में बताया तो उन्होंने मुझे सीने से लगाकर कहा—''इसीलिए तो मैं तेरे साथ आया हूँ न! तुझे कुछ नहीं हो सकता।''

फिर जो मनोरम रास्ता शुरू हुआ ज़ुथुलपुक के पड़ाव की ओर वह आज भी मन में बसा हुआ है। यकायक जैसे आसमान बड़ा हो गया था, जैसे नीली छतरी खुल जाए। सूर्य का सुनहरा लाल किनारियों वाला गोला उभर आया। उसका वह सुनहरा ताप कितना भी सुखद हो मगर हवा बर्फ़ की तरह शीतल थी। मेरे सामने याक पर सवार एक तिब्बती बच्चा रोए चला जा रहा था, वह इतनी देर से रो रहा था कि उसके रोने में एक गीत की-सी लय बन घाटी में गूँज रही थी। याक के गले की टुनटुनाती घंटी पार्श्व संगीत बन गई थी। उसके गुलाबी गालों पर आँसू सूखने की लकीरें बनी थीं। उसकी माँ याक की रस्सी हाथ में थामे, याक की पीठ पर पानी की कैन लादे उदासीन थी, बच्चे की रुलाई से। याक ढुचकूँ-ढुचकूँ चला जा रहा था। मैंने उस बच्चे को इशारे से पूछा, ''क्या हुआ'' तो वह और ज़ोर से गला फाड़ने लगा। उसकी माँ हँस दी। आगे खूबसूरत बुग्यालों में दो थोड़े बड़े तिब्बती बच्चे खूब सारी भेड़ों को चरा रहे थे। यह बच्चा उनको देखते ही चुप हो गया, हँसा और विचित्र आवाज़ निकाल कर उनको पुकारा। वे दौड़ कर चले आए। उन दोनों ने मटियाला ऊनी चोगा पहन रखा था, हाथ में मीठे उबले भुट्टे थे। याक चराती माँ ने अपने बेटे को उतारा और वे तीनों किलकारी मारते ब्रह्मपुत्र की पतली धाराओं वाले हरे ढलान पर दौड़ गये। वहाँ वो गुद्कुल्ले लाल मामॉर्ट भी अपने बिलों के आगे-पीछे उछल-कूद कर रहे थे, जिनको ये बच्चे भुट्टे खिला रहे थे।

मैं बचपन की किसी रूसी रंगीन किताब के चिकने चमकीले पन्नों पर पहुँच गई। दूर तक हरे मैदान, उनमें चरते याक, रंग बदलता आसमां, नदी किनारे के हरे-नीले पत्थर। यहाँ चलने में आनंद आ रहा था, एक तो जिस ऊँचाई से परिचय कर आए थे उससे यह कम थी सो ऑक्सीजन का स्तर बढ़ गया था। मैं खुल कर साँस ले पा रही थी। मेरी त्वचा धूप को गट-गट पीती हुई खूब

खुश थी। मैंने जैकेट और कैप उतार दिया था, इन रास्तों में अकस्मात् आने वाले मोड़ तो थे मगर किसी गाड़ी से भिड़ जाने का डर नहीं था, न हॉर्न की चीख-पुकार। केवल एक निस्सीम शांति में याकों और खच्चरों के गले की घंटियों की टुन-टुन। बतियाते हुए चलने को अंतहीन हर-भरा रास्ता। हमारे साथ गुजराती रमेश भाई थे, अल्पशिक्षित मगर अपने आप में खूब अनुभवी। उन्होंने जीवन के पंद्रह वर्ष पूरे यूरोप में ट्रक चला कर बिताए हैं। हमारे दल में पैदल चलने वाले चार यात्रियों में एक वे भी थे। उनकी उम्र बासठ वर्ष थी मगर अच्छे फ़िट थे। उन्होंने किस्से सुनाने शुरू किये—इटली के ड्रग-माफ़िया के, रूसी ठंड और बर्फ़ीले तूफ़ानों में ट्रक चलाने के।

हम आगे बढ़े तो रास्ते में अब ब्रह्मपुत्र साथ थी, दूधिया पानी वाली और चंचला। रास्ते में दूर-दूर तक जामुनी और पीले जंगली फूल खिले थे, एक पैटर्न बनाते हुए। यहाँ मैंने पहली बार बहुत ही पास से याकों का बड़ा झुंड चरते देखा, उनके संग उनके प्यारे झबरू बच्चे भी थे। याक भी न, क्या खूब जानवर है, तिब्बत के लोगों की लाइफ़-लाईन। भारी बोझ ले चलता है भीषण पहाड़ों में, कदम का पक्का। सरलता से पल जाता है, जंगल में चर कर भोजन कर आता है। इसे चाहो तो खेत में जोत लो, ऊन निकाल लो इनकी, इनके बालों की मज़बूत रस्सी भी बना लेते हैं तिब्बती। वे याक का दूध भी पीते हैं, पनीर बनाते हैं। चाय और 'शम्बा' (ज्वार के आटे की तिब्बती बाटियाँ) में दूध लगता है। इनका गोबर ईंधन के काम आता है। जाने कैसे इस काम आने वाले पशु-मित्र को सर्दियों में मार कर इसका मांस भी खा लेते हैं तिब्बती। तिब्बत की भीषण जलवायु और दुर्गमता में यह आवश्यक प्रतीत होता है। इसका चाम भी काम का, इसकी नाव तक बना लेते हैं तिब्बतवाले। याक के सींग और हड्डियों को मकान-दीवारों में भी इस्तेमाल करते हैं। और इस प्यारे जीव की पूँछ तक उपयोगी है। बौद्ध-मठों के चंवर इसी से बनते हैं।

यह जानकारी श्याम भैया देते जा रहे थे और मैं चकित होती उस झुंड को देख रही थी। मैंने जब उसके मांस खाने पर दुःख प्रकट किया और कहा कि बौद्ध होकर मांस कैसे खा सकते हैं? तो हमारे साथ एक तिब्बती गाइड भी था उसने बताया कि महीने के कुछ पवित्र दिनों में याक मारना वर्जित है। तिब्बती धर्म-ग्रंथ इस हिंसा का निषेध करते हैं, और जो लोग इनको मारने

का काम करते हैं वे मानते हैं कि यह पिछले जन्मों का पाप है जो उन्हें ऐसा करना पड़ रहा है। याक को एक दूरस्थ स्थान पर ले जाकर नियत स्थान पर मारा जाता है। इस पर श्याम भैया बोले कि गरीब पशुपालक इस पाप-पुण्य के चक्कर में नहीं पड़ते। बात भी सही थी जब जीवन विकट हो तो जीने के लिये क्या पाप-पुण्य!

तिब्बती बौद्ध धर्म का अलग ही स्वरूप मानते हैं। जिसमें उनके मूल धर्म बॉन की मान्यताएँ भी शामिल हैं। लॉवेल थॉमस जूनियर अपनी किताब 'तिब्बत इस संसार से परे' में लिखते हैं—

"ईसा की प्रारंभिक शताब्दियों में तिब्बत निवासी लड़ाकू जनजाति के थे। परस्पर साधारण संबंध रखने वाले फिरकों से बने थे। उन्होंने अनेक विजयी युद्ध लड़े और अपने मध्य एशियाई पड़ोसियों को जीता। उनका धर्म बॉन या पोन कहलाता था, एक प्रकार का ब्रह्मवाद ही था। वे विश्वास करते थे कि आत्माएँ पहाड़, चट्टान, झील, नदी और वृक्ष, यहाँ तक कि ऊपर आकाश और पृथ्वी के नीचे भी निवास करती हैं। वे शुभ आत्माओं की पूजा करते और दुष्ट आत्माओं की शांति करते। वे जादू-टोने और टोटके की शरण भी लेते थे। उन दिनों भिक्षु-मठ या मंदिर नहीं थे।" (पृ.सं. 56)

वे अपनी पुस्तक में बताते हैं कि कैसे बौद्ध धर्म तिब्बत में आया। सातवीं शताब्दी में एक शक्तिशाली राजा ने पश्चिमी चीन और उत्तरी भारत के कुछ हिस्सों को जीत लिया तो उसने चीनी और नेपाल की राजकुमारियों से विवाह किया जो बुद्ध की बहुमूल्य मूर्तियाँ साथ लाईं। दोनों ने अपने सम्मिलित प्रयासों से राजा 'सौंग-सेन-गाम्पो' को बौद्ध अनुयायी बना लिया। प्रेम जो न कराए! राजा को ऐसी लगन लगी कि उसने ल्हासा में रानियों के कहने से मठ बनवाए। तब तक तिब्बती भाषा की कोई लिपि तक नहीं थी। उसने भारत से लाए बौद्ध ग्रंथों के तिब्बती अनुवाद हेतु अपने एक मंत्री को वहाँ भेजा। उसने संस्कृत शैली से कुछ वर्णाक्षर लेकर लिखित वर्ण तैयार किये।

आज राजा 'सौंग-सेन-गाम्पो' को बौद्ध धर्म में चेरेंजी के अवतार की तरह जाना जाता है, वही जो भारत में अवलोकितेश्वर कहलाए जाते हैं और चीन-जापान में क्वांथिन!

तिब्बत में महायान अपनी सरल पूजा-विधियों के कारण प्रचलित हुआ।

कैलाश परिक्रमा मार्ग की तलहटियों में बाहर के साथ मन के मौसम भी पल में तोला पल में माशा हो रहे थे। कभी मन बीती घटनाओं से सिहर जाता तो कभी यह सोच प्रसन्न हो जाता कि अदम्य इच्छा ने यह यात्रा भी करवा ली। मेघ महाराज इन तलहटियों में खूब मगन थे। मन पर से थकान, भय, वैराग्य उतर गया। भेड़ों के झुंड के संग पहाड़ी घास पर तिर रहे थे। काफी लंबा चलने के बाद ज़ुथुलपुक आ गया था। नदी किनारे थोड़ी दूर पर सामने एक लाइन में कई कमरे बने थे। प्रत्येक कमरे में पाँच बिस्तर लगे थे।

ज़ुथुलपुक (जोंग्जेर्बू) यह हमारा दूसरा विश्राम स्थल था। सामने के निचले मैदान में पोर्टर और पॉनीवाले अपने साथियों के साथ टेंट लगा कर रुके थे। गनीमत है बरसात रुकी हुई थी। वैसे भी प्रकाश व्यवस्था यहाँ भी जनरेटर से की गई थी। जो कि रात 9.30 बजे तक ही उपलब्ध थी। यहाँ भी विश्राम भवन के आस-पास टॉयलेट्स बने हुए थे मगर सफ़ाई की हालत यहाँ भी बुरी थी। यहाँ कमरे टीन के बने हुए थे। एक कमरे में 5 यात्रियों को ठहरना था। शाम ढलते-ढलते गरमा-गरम रोटी, खिचड़ी, सब्ज़ी-दाल हम सबको मिल गई थी। मैं और अंशु वहाँ सामने नदी के तट पर भी घूम आए। ज़ुथुलपुक में विश्राम भवन के पीछे थोड़ी ऊँचाई पर एक गोम्पा था। यात्रियों का आवागमन न होने के कारण यहाँ एकांत और शांति थी। हमने गोम्पा में जाकर दर्शन किए। वहाँ दो बहुत सुंदर स्त्रियाँ और उनके बालक खेल रहे थे। मैंने उनसे फ़ोटो खींचने के लिए पूछा तो वे सहर्ष तैयार हो गए। यहाँ पर एक ग्रंथागार भी मैंने देखा तो मुझे राहुल सांकृत्यायन जी की याद आ गई। उन स्त्रियों के बताने पर हमने वहाँ मिलारेपा की गुफ़ा भी देखी। मिलारेपा को बौद्ध और बॉन दोनों पूजते हैं। बॉन प्री-बुद्धिस्ट तिब्बती धर्म है। मिलारेपा वे थे जिन्होंने कैलाश की प्रथम यात्रा की थी। वे बौद्ध लोगों के 'वाल्मीकि' थे यह मान लीजिए। उनकी कथा सुनेंगे?

## मिलारेपा कौन थे?

11वीं शताब्दी के तिब्बत की बात है। मिलारेपा नाम के व्यक्ति का जन्म एक संपन्न परिवार में हुआ था। उसके पिता धनी व्यक्ति थे। जब वह छोटा था

उसके सर से पिता का साया उठ गया। उसके पिता की मृत्यु के बाद उसकी सारी धन-संपत्ति उसके चाचा के पास चली गई। मिलारेपा का चाचा उसे बहुत कष्ट देता था। इस तरह से मिलारेपा का जीवन अपने पिता की मृत्यु के बाद बहुत कष्टप्रद हो गया था।

मिलारेपा की माँ को भी बहुत दु:ख पहुँचाया जाता था। जाने क्या सोचकर माँ ने मिलारेपा को तंत्र-साधना के शहर से बाहर गुफ़ाओं में भेज दिया। जब वह तंत्रविद्या का ज्ञानी होकर लौटा तो उसे पता चला कि चाचा की क्रूरता के चलते उसकी माँ और बहन की मृत्यु हो चुकी है। मिलारेपा उचित समय का इंतज़ार करने लगा। वह बदले की भावना से भरा हुआ था। उसे अवसर मिला। उसके चाचा के बेटे की शादी थी। जब शादी हो रही थी तो उसने अपने तंत्र की साधना की और बर्फ़ का तूफ़ान ला दिया जिसमें उसके चाचा के पूरा परिवार सहित लगभग अस्सी लोग काल-कवलित हुए। मिलारेपा का क्रोध और बदला पूरा हो गया था।

कुछ दिन बीतने पर अकेले रहने से मिलारेपा की आत्मा कराहने लगी। वह अपराधबोध से व्याकुल था। वह अनेक संतों और गुरुओं के पास गया लेकिन किसी गुरु ने सांत्वना नहीं दी, उसे तंत्र विद्या का दुरुपयोग करने वाला कह दुरदुराने लगे। अंत में मिलारेपा को किसी ने गुरु मारपा का पता दिया। यह प्रचलित है कि गुरु मारपा ने चौदह बरस तक मिलारेपा को उपेक्षित किया, घर के काम कराए, कुछ सिखाया नहीं। मारपा की पत्नी ने कहा भी कि क्यों इसे ज्ञान नहीं देते? मगर वे जान रहे थे कि मिलारेपा की आत्मा अपराधबोध ग्रस्त है। इस कारण से उन्होंने मिलारेपा की कठिन परीक्षाएँ लीं। पहले मारपा ने मिलारेपा से कहा कि उनके बेटे के लिए तीन कोनों वाला घर बना दे। जब मिलारेपा ने तीन कोनों वाला घर बना दिया तब उनके गुरु ने कहा कि अब चार कोनों वाला घर चाहिए। जब मिलारेपा ने चार कोनों वाला घर बना दिया तो उनके गुरु ने कहा अब पाँच कोनों वाला...इस तरह से मिलारेपा का पूरा जीवन मकान को बनाने और तोड़ने में गुज़र रहा था। मिलारेपा का कष्ट देखकर उसके गुरु मारपा की पत्नी में दया की भावना जाग उठी। मारपा ने अपनी पत्नी की बात मानी और अंत में मिलारेपा को दीक्षा प्रदान की और कठिन तंत्र का मार्ग बता कर एक गुफ़ा में भेज दिया। मिलारेपा साधना लीन

था तब उसे एक डाकिनी ने दर्शन दिये। सवाल करने पर डाकिनी ने मिलारेपा को कहा, ''जाओ अपने गुरु से पूछो कि मैं कौन हूँ।'' मिलारेपा ने जाकर अपने गुरु मारपा को उस डाकिनी का विवरण दिया और उसके बारे में पूछा। गुरु मालपा को उस डाकिनी का कोई ज्ञान न था।

इस गुत्थी को सुलझाने के लिए मिलारेपा और मारपा दोनों के दोनों भारत में एक सिद्ध गुरु नारपा के पास आए। भारतीय सिद्ध गुरु नारपा से पहले मारपा मिला और आने की वजह बताई। तो नारपा ने कहा कि इस तरह डाकिनी के दर्शन तो तुम्हें नहीं हो सकते हैं। कौन है वो जिसे डाकिनी ने दर्शन दिये हैं? तब मारपा ने अपने शिष्य मिलारेपा से अपने गुरु नारपा को मिलवाया। मिलारेपा और मारपा ने भारतीय संत नारपा से अध्यात्म के सर्वोत्तम शिखर की शिक्षा ली। इसके बाद मारपा को यह ज्ञान मिला कि उनका शिष्य उनसे भी आगे निकल चुका है। जब दोनों तिब्बत को लौट आए तो लोगों को आश्चर्य हुआ कि मिलारेपा, मारपा के शिष्य के रूप में भारत गया था, मारपा के गुरु के रूप में तिब्बत लौटा।

कहते हैं कि मिलारेपा 1093 ई. में कैलाश पर्वत पर चढ़े थे। किंतु मिलारेपा ने स्वयं किसी को नहीं कहा। बिमल डे अपनी किताब 'महातीर्थ के कैलाशबाबा' में लिखते हैं—''मिलारेपा ने कैलाश के तुषारशुभ्र शिखर की ओर देखकर पाँच डाकिनियों को उपदेश देकर कहा—ईश्वरानुभूति के लिए सहज मन चाहिए। मन को सहज करो। मन को सहज करने के उपाय दो हैं—मन को शिथिल करो और मन को उद्यमविहीन करो। मन की इस साम्यावस्था में ईश्वरानुभूति संभव है।'' (पृ. 235)

इस बात में मुझे दम लगता है, सहजता से बड़ा कोई गुण नहीं कबीर भी तो सहजता का दुशाला पहन कर ही ज्ञान के हाथी पर चढ़ने की बात कहते हैं। घूम कर लौटने पर ठंड के चलते मुझे बुखार फिर चढ़ आया था, शरीर आराम की याचना कर रहा था। मैं और अंशु डिनर करके, दवाएँ खाकर जल्दी सो गए। लेकिन आधी रात मेरी नींद साँस न आने कारण खुल गई, मैं उठ गई और अकेले बाहर गलियारे में आ गई। अजीब-सी रोशनी निकल रही थी बादलों में से...मेह इतनी लय में बरस रहा था। सामने नदी बह रही थी जिसका पन्ने जैसा जल चमक रहा था। यह रात थी कि सुबह थी? मैंने

घड़ी देखी, रात के एक बजे थे, और बादलों का उजाला और ऐसी रूपसी रात्रि! अविरल-अविराम लयबद्ध वारिपात। मानो कहीं दूर कैलाश के किसी गुप्त मंदिर में कोई यक्ष-गान चल रहा हो। बजते दमामे-नक्कारे और नाचती जल परियाँ। सामने धरती पर, नदी पर हीरे की कणि सी मोटी बूँदों की झिलमिलाहट फिर टुपुर-टापुर, टुपुर टापुर।

इक्कीस अगस्त की सुबह मेरा शरीर तप रहा था मुझे बिलकुल नहीं पता था मैं कैसे चलने वाली हूँ। रास्ते की कठिनाइयों की मुझे खबर नहीं थी। परिक्रमा के तीसरे दिन सुबह 6:00 बजे हमने पैदल प्रस्थान किया। बुखार और कमज़ोरी के कारण मेरी हालत पस्त हो रही थी लेकिन ऑक्सीजन की कमी का मसला यहाँ नहीं था। पिछले मार्गों की तुलना में अब यह मार्ग ज़रा भी चुनौतीपूर्ण नहीं था। दूर तक फैली घाटियों से गुज़रता मार्ग लगभग सपाट मैदान है। अंशु और श्याम भैया के कारण चल पड़ी। मुझे हर जगह कहा जाता था कि बस हम पहुँच गए। हालाँकि बहुत ऊँची चढ़ाई नहीं थी लेकिन चढ़ाई तो थी। और हर चढ़ाई के बाद सामने का नज़ारा बहुत ही सुंदर दिखाई पड़ता था। एक जगह निकट ही कैलाश गंगा बह रही थी। मन तो था उसमें पैर डाल बैठ जाऊँ। मगर पैर जम जाते। मैं एक चट्टान पर बैठी थी, मेरे घुटने दर्द कर रहे थे। शेरपा श्याम जी ने हमको एक तेल दिया जिससे मालिश से एकदम से दर्द ठीक हो गया। शेरपा लोग जड़ी-बूटियों से बना तेल हमेशा साथ रखते हैं।

सामने बहुत दूर बर्फ़ से ढकी गुरलामंधाता पर्वत की श्रेणियाँ थीं। उसकी तलहटी में राक्षस-ताल का नीला विस्तार और बीच में सुनहरी घास का मैदान दिखाई दे रहा था। गुरलामंधाता पर्वत के नीचे पहाड़ियों पर सूर्योदय की सुनहरी धूप पड़ रही थी। स्वर्ग का आनंद देने वाला दृश्य था। इसके बाद पैदल यात्रा करने में कोई परेशानी तो नहीं हुई पर चिलचिलाती धूप निकल आई। परिक्रमा पथ पर मुझे फ़िरोजी रंग के पत्थर मिले। परिक्रमा पथ का हर कंकड़ शंकर लग रहा था। हमें विभिन्न आकार के जाने कितने रंगों के पत्थर मिले लेकिन मेरे पास सीमा थी। मैं थोड़े ही पत्थर ला सकती थी। छोटी-छोटी झाड़ियाँ जिन पर जामुनी-पीले-गुलाबी फूल उगे थे, वह एक प्रकार की जड़ी-बूटी थी। क्योंकि मुझे रास्ते में तिब्बती महिलाएँ यह बूटी

तोड़ती नज़र आई थीं। पूछने पर बताया कि रामबाण दवा है। मुझे कई तरह की छोटी-छोटी रंगीन चिड़ियाँ मिलीं। गुलाबी गरदन, जामुनी पेट वाली कोई नीली तो कोई लाल। जिनको मैं नहीं पहचान सकी। एक पहाड़ी बुलबुल और अलग तरह के कबूतरों का जोड़ा दिखा। लाल चोंच वाले कव्वे दिखे जिनको हिमालयन चॉफ्स कहते हैं। ढेर सी याक-माताएँ अपने बच्चों के साथ दिखीं जिनके छोटे-छोटे क्यूट-क्यूट बच्चे भी थे। एक याक का बच्चा तो मुझसे दोस्ती भी करने चला आया था। हमने उसके साथ में थोड़ी देर आनंद का समय बिताया। घास के मैदान ही मैदान थे जिनमें भेड़ें चरती हुई नज़र आ रही थीं।

रास्ते में हमें बहुत सी ऐसी चट्टानें मिलीं जिन पर मणि मंत्र लिखा हुआ था। वहाँ पर बहुत सारे पत्थरों पर मणि मंत्र लिखकर ढेर इकट्ठा कर रखा था। उसको तिब्बती लोग मणि वॉल कहते हैं। रास्ते में ऐसी कई शिलाएँ देखने को मिलीं और शिलाखंडों पर भी यह मंत्र उकेरा गया था। यही कोई सात किलोमीटर चलने के बाद जुनझुइप से बसें लेने आ गयी थीं। क्योंकि हम पैदल आ रहे थे और घोड़े पर जाने वाले यात्री बहुत पहले जाकर बस में बैठ चुके थे तो बस में हमारा ही इंतज़ार हो रहा था। हम जैसे ही पहुँचे वहाँ चाय मिल रही थी। हमने चाय पी और बस में बैठ गए। अब मन में कोई बेचैनी बाकी नहीं है, सभी के चेहरों पर संतोष और उपलब्धि का भाव था। हमारी बस ने शानदार हाइवे पर चल 10:30 बजे दारचेन पहुँचा दिया था। यहाँ आज रुकना नहीं है। हम पहले वहाँ गए जहाँ पर बाकी लोग जो परिक्रमा पर नहीं चले थे वो लोग ठहरे हुए थे। उनको लेकर आज हमें यहाँ से सागा के लिए निकलना था। हम भावाभिभूत होकर शिव के सान्निध्य से निकलकर जगत की ओर लौट रहे थे। धीरे-धीरे मन:स्थिति उस औघड़दानी के प्रभाव से थोड़ी सहज हुई तो मन उदास हो गया।

दारचेन छोटा-सा साफ़-सुंदर तिब्बती कस्बा है। यहाँ पर बहुत तरह की चीज़ें मिलती हैं। उस वक्त धूप खिली हुई थी। वहाँ से भी सामने कैलाश के दर्शन हो रहे थे। लोग थोड़ी-बहुत शॉपिंग कर रहे थे। गले की मालाएँ, कैलाश के चित्र, हैंडीक्राफ्ट के सामान। उस पर ऐसा लगा कि मनुष्य किस धनसंपदा—सोने और चाँदी के पीछे भागता है जबकि सृष्टि के रचयिता ने

मनुष्य के लिए आकाश में तारों की सुनहरी चमक का अथाह और अतुलनीय प्राकृतिक सौंदर्य भंडार उपलब्ध करवा रखा है। मनुष्य को प्रकृति के इन नियमों को देखने का समय ही नहीं। उसका तो भौतिक वस्तुओं के प्रति ज़्यादा आकर्षण है।

हम दारचेन से निकल पड़े थे, यहाँ से हमें सागा जाना था। सड़क के दाईं ओर फिर से हनुमान ताल, अप्सरा ताल पड़े। सामने गुरलामंधाता की पर्वत श्रेणियाँ पड़ीं। बर्फ़ से ढके पर्वत, हरे चारागाह, साथ में बहती नदी और ढेर सारे पंछी उड़ जाते हुए। याक और अचानक से सामने से दौड़ते हुए जंगली घोड़े, पानी में किलोल करती काले पंखों वाले सारसों की पंक्तियाँ, कस्तूरी मृग के जोड़े इत्यादि का सौंदर्य अद्‌भुत था। इन दृश्यों को कितना तो मन में समाते और कितना कैमरे में कैद करते?

(विश्वासं अप्रेयम्...) ऐतिहासिक सबूतों के अभाव में भी यह मान लेने को मन करता है कि अलकानगरी इन सुरम्य पर्वतमालाओं में यहीं कहीं रही होगी। सच पूछिए तो मेरे लिए आरंभ में कैलाश यात्रा 'मेघदूत की राह के पथिक' प्रोजेक्ट का हिस्सा थी। फिर कठिनाइयाँ आईं तो रोमांचक यात्रा में तब्दील हो गई। जब मानसरोवर ताल के जल को अंजुरी में भरा तो माँ की सपनीली आस्था मन में जगी। यमद्वार पर जब कैलाश ने बर्फ़ ढकी पलकें झपकीं तो मेरे सहयात्री मेघ ने विद्युत टंकार से अंतरिक्ष गुँजा दिया। हवा बर्फ़ विहीन पर्वतों से गुज़रती बांसुरी बजाने लगी। तो मन में आध्यात्म जागा जो किसी धर्म से न बँधा था। वह मनुष्य की अपनी सीमाओं का अतिक्रमण कर प्रकृति के समस्त रहस्यों को लेकर आदर भरी जिज्ञासा से जन्मा था। वह चुपचाप मेरे हाथ में मिल्क चॉकलेट थमा गए एक लामा से भी जा जुड़ा था जो कान में फुसफुसा गए थे। 'आई रेस्पेक्ट यू, बिकॉज़ अवर गुरुजी स्टेज़ इन इंडिया।' तो राजकोट से आईं दो सत्तर पार बूढ़ी बहनों के महादेव प्रेम से भी जा जुड़ा था...जो तमाम अजीब हरकतें (बस से उतर जाना, खो जाना, दस हज़ार रुपए खो देना, मानसरोवर में मय जैकेट उतर जाना, अपना थर्मस टॉयलेट में गिराने के बावजूद कैलाश के प्रति आस्था में कितनी भोली थीं।)

सागा पहुँच कर लग रहा था कि बहुत बड़ी उपलब्धि पाकर आ रहे हैं।

हमने होटल में नहा-धोकर कपड़े बदलने के लिए बड़ा बैग खोला तो वह पानी से भीगा हुआ था। किसी बस में ऊपर रखा होगा और ठीक से वाटरप्रूफ़ तिरपाल से ढका नहीं होगा। या किन्हीं मानसरोवर जल के टैंक को भर कर ले जाने वालों की कृपा रही होगी। पाँच लीटर की केन का ढक्कन बंद न किया होगा और उनका बैग हमारे बैग पर औंधा रखा होगा। मुझे याद है जब हम मानसरोवर में आचमन कर रहे थे तो लोग पाँच-पाँच लीटर की केन भरकर अपने सामान में डाल रहे थे। मुझे तब भी ऐसा लगा और आज मैं जब अपना संस्मरण लिख रही हूँ तब भी मुझे ऐसा लग रहा है कि ये लोग कितने अजीब हैं, अपने शहर की नदियाँ जो मानसरोवर से या ऐसे ही किसी पवित्र सोते से आती हैं, उनमें तो गंदगी फैलाते हैं और मानसरोवर का जल भर-भर कर ले जाते हैं। मानसरोवर जल हम भी लाए हैं लेकिन एक छोटी सी बोतल में बस एक स्मृति की तरह। जल की पवित्रता का भान है तो अपने शहर की नदियों को मानसरोवर बना लो ना कि लोग यहाँ से पानी ले जाएँ। मूर्ख तृष्णा के मारे लोग। गुस्सा बहुत आ रहा था।

फिर अंशु ने इलेक्ट्रिक कंबल ऑन किया। सारे कपड़े निचोड़ कर उस पर बिछा दिये उस पर एक शीट डाल दी। इन मामलों में मेरे हमसफ़र बहुत होशियार और जुगाड़-पसंद हैं। दो घंटे में कपड़े सूख गए। सागा में मैंने सोचा था कि गर्म पानी से स्नान करूँगी, पूरे दस दिन बाद बालों से पानी छुआऊँगी वरना ये शिव की जटा बन जाएँगे। लेकिन सागा आने के बाद से लगातार बारिश-ही-बारिश हो रही थी। होटल में दो दिन से बिजली नहीं थी, केवल जेनरेटर से बिजली जल सकती थी। ठंडे पानी से नहाना मुसीबत को न्योता देना था। मन मसोस कर रह जाना पड़ा। ऑक्सीजन के सिलेंडर यहाँ भी मेरे काम आ रहे थे। अंशु ने तो एक भी बार इस्तेमाल नहीं किया ऑक्सीजन का। नो लाईट, नो इंटरनेट, चीनी सिम भी काम नहीं कर रही थी। बच्चों से बात न हो सकी। अब हमारे पास जो अतिरिक्त सामान था वह बाँटने का समय था। ऑक्सीजन सिलेंडर और एक वुलन जैकेट तो हमने श्याम जी को दे दिये।

सागा में 'तीर्थ-सेवा' भोजनालय में एक निम्न-मध्यमवर्गीय अधेड़ दंपति को जिनके पास ट्रेकिंग स्टिक की जगह लाठी थी, उनको स्टिक दे दी। अंशु

ने समझाया भी कि कैसे चलें, कैसे एडजस्ट करें। गुजराती लोग ये सामान बेच रहे थे। यहाँ भी व्यवसाय करना मुझे नहीं जमा। मन फूल सा हल्का था, देह खूब थकी हुई सो दर्द निवारक खाए बिना शरीर सोने नहीं देता। जान रही थी कि बहुत मेडिसनल एब्यूज़ हो रहा है मगर चारा नहीं था।

अगली सुबह बाईस अगस्त को छः बजे हम होटल से बाहर निकले। वहाँ खड़ी दर्जन भर बसों-ड्राइवरों और यात्रियों में सुगबुगाहट थी। रास्ते में पहाड़ों के ढहने और सड़कों के बह जाने की। पिछले दिनों इस इलाके में हुई भीषण बरसात की खबर लोग बता रहे थे। करनाली नदी ने कहर बरपाया है। सब तनाव में आ गए। लेकिन बसें तो चलती हैं, चलीं। हमारी बस सागा से निकली। वही मनोरम दृश्य जो जाते हुए आए थे। अब अच्छी तरह तिब्बत का भूगोल समझ आ गया था और यह भी कि तिब्बत को 'संसार की छत' क्यों कहा जाता है? हम दो घंटा चले होंगे कि एक जगह हमारी बस रुक गई। आगे भी ढेर सारी बसें रुकी हुई थीं। हम सब उतर गए। उत्सुक अंशु आदतन बस के अचानक रुकने के रूट-कॉज़ को देखने भागे। अंशु जो बहुत खतरों में भी कभी आपा नहीं खोते दौड़ते हुए उलटा लौटे। उनके पीछे कृष्णा जी और श्याम भैया गरदन हिलाते हुए। शीला जी का दिल घबराया तो बोलीं—"चलो देखें क्या माजरा है?"

हम चार सौ मीटर चलते-चलते, घटनास्थल पर पहुँचे। यह फर्राटा शानदार हाईवे और इसकी नब्बे प्रतिशत सड़क...काली गंडकी की खतरनाक धार लील गई थी। आगे कुछ था ही नहीं कि चला जाए। आगे भी वह लपलपा रही थी। बसें पीछे सरकने लगीं। हमारी बस बहुत पीछे आकर एक मैदान पर आकर रुक गई। हमारे तिब्बती ड्राइवर ने कहा—यहाँ तो डायनामाईट से ही रास्ता बनेगा। कम-से-कम आधा दिन लगेगा। सद्‌गुरु, ईशा फ़ाउंडेशन की बसें वापस सागा लौट गईं। हम यह अफ़ोर्ड नहीं कर सकते थे, हमें हर हाल में आज शाम से पहले खैरूँग इमीग्रेशन पॉईंट पार करना था। कुछ कारें पहाड़ से सट कर हाईवे के नीचे से जा रही थीं। काली गंडकी फुफकार रही थी। हमारे तिब्बती ड्राइवर ने उस पथरीले कोने पर बस डाल दी...मैंने तो फिंगर क्रॉस कर ली। आह हम सुरक्षित निकल आए। आगे वही नदी सौम्या बनी शांत बह रही थी। नदी के चरित्र को समझ पाना कठिन है।

आगे भी एक जगह सड़क टूटी मिली तो हमारे तिब्बती ड्राइवर ने एक समानांतर, लंबा मैदानों का रास्ता लिया। वहाँ भी आगे जाकर देखा, हमारे जैसी कुछ बसें थीं, आगे नदी की धार में एक ट्रक फँसा पड़ा था। फिर बस रुक गई। हम महिलाएँ उतर गईं। सब पुरुष ट्रक निकलवाने की जुगत में लग गए। हमारा तिब्बती ड्राइवर माईकल गज़ब स्किलफ़ुल था उसने फावड़ा लेकर रास्ता ही बनाना शुरू कर दिया। मैं हल्की धूप और चारागाह से आकर्षित टलहने लगी। फ़ोन में ऑडियो टू टैक्स्ट एप्लीकेशन से लिखा—'मुझे कैलाश आकर समय की अनंतता में विश्वास होने लगा है। अंतहीन ऊँचाइयों पर अपने पैरों से चलते जाना या अंतहीन घाटियों में उतरते चले जाना भी जीवन है। चरते याकों के चारागाहों में कलकल नदियों से बतियाते चलने से सुंदर कोई दुनियावी वस्तु नहीं है। एकांत अकेलापन नहीं, सलोनापन भी होता है। जब अंतरिक्ष की खामोशी आकर अपने विस्तार में तुम्हें भर ले। तिब्बत की घाटियों में हाईवे पर जाने कब से हम फँसे हैं। सब परेशान हैं। कहीं पहुँचना चाहते हैं। मैं वादी में सुगंधित झाड़ियों में...चिड़ियों को खोज रही हूँ। लोग महादेव से गुहार लगा रहे हैं। 'ओ रे भोलानाथ, पार लगाओ' बहरहाल मैं इन बूटियों के बीच लेट गई हूँ। इनकी गंध और श्रावणी मीठी धूप मेरा ताप हर रही है।

अंशु बस के अन्य पुरुषों के साथ फँसे ट्रक को निकालने की जुगत पर डिस्कस कर रहे हैं। मैं इस पल मर भी जाऊँ तो मुझे यह सबसे सुंदर अनुभव लगेगा। हाँ किन्हीं चट्टानों में दब कर नहीं मरना चाहती।

*एकांत सत्य बहते रहना*
*सुधि संबल ले चिर एकाकी*
*बस सफ़र सफ़र....*

('काशी के घाट', प्रभाकर माचवे)

हाईवे से समानांतर वह गाँव बहुत मुफ़लिस था। दूर मिट्टी के आठ-दस घर बने थे। एक औरत याक चरा रही थी। गाँव के द्वार पर चीनी झंडा लहरा रहा था। ट्रक निकल गया, तिब्बती ड्राइवर की सूझ-बूझ से हम फिर हाईवे पर आ गए थे। पहाड़ों के सीने छलनी थे। नदी इठलाते हुए संग तो पर्वतों के चलती हैं पर गाहे-बगाहे उनके पैरों के नीचे से ज़मीन खींच लेती

है। नदी के युवा—अधेड़ झरने प्रेमी, जब नदी में आ-आ कर गिरते हैं, तब-तब पुत्री-प्रेम में पहाड़ धराशायी होते हैं। नदी का कोई एक प्रेमी होता है क्या? समुद्र तो है ही चिरप्रेमी, झरने हैं ही, हमारे मेघ-मल्हार भी हर नदी को चूमते चलते हैं। हं! हरेक को नहीं...कालिदास चालाक थे। जानते थे कौन सी नदी मेघ की प्रिया हो सकती है। लोक-मान्यताओं में पूजनीय नदी को मेघ-प्रिया नहीं बनाया। गंगा, नर्मदा, यमुना...गंगा तो ऐसी कि शिव के बाल पकड़ कर माँ भवानी के आगे अट्टहास कर बैठे तो भला धूम्र पुंज मात्र मेघ बेचारे की क्या बिसात?

हम दोपहर ढाई बजे खैरूँग पहुँच गए थे। वहाँ लंच लेकर हमने तिब्बती सहयोगियों से विदा ली, अपने जांबाज़ तिब्बती सारथि माइकल के संग फ़ोटो खिंचा कर विदा ली, वह सब यात्रियों द्वारा एकत्रित 'टिप' नहीं लेना चाहता था। मगर अंशु ने समझाया तो ले लिया। हम एक घंटे में बॉर्डर पार कर चुके थे। अपना सामान उठाए नेपाल की ओर थे। जहाँ से फिर दो किलोमीटर पैदल चलना था। नेपाल बॉर्डर पर निकलते ही खबर मिल गई कि तीन जगह कहर बरपा है। लैंड्स्लाइड हुआ है। रास्ते बंद हैं। वहाँ एक मज़बूत काठी का एक नेपाली शीला जी से मोल-भाव करने लगा, यह उन हैल्पर्स का हैड था, जो तीनों लैंडस्लाईड में अपनी टीम के साथ हमारा सामान इधर से उधर पहुँचाएगा। बूढ़े और महिला यात्रियों को पकड़ कर खतरनाक रास्तों से पार पहुँचाएगा। शीला जी राज़ी हो गईं हर यात्री को पद्रह सौ रुपए अतिरिक्त देने थे। अरे भई जान है तो जहान है। सब पैसे निकालने लगे। मेरे बगल में खड़े श्याम जी मुस्कुरा कर बोले—''ये लैंडस्लाइड होते रहें!'' मुझे लगा व्यंग्य में बोल रहे हैं, इन लड़कों पर। लेकिन आगे बोल कर उन्होंने नेपाली मानसिकता दिखा दी।

''ताकि नेपाली कमाए। इनके पास फिर कमाने का ज़रिया क्या है?''

नेपाल तो हर आपदा में भारत से भी लेता है, चीन से भी, अमेरिका से भी। मगर चीन की तरफ़ झुकाव ही अधिक है। यह मैं जानती हूँ।

''लैंडस्लाइड से आप लोग डरते नहीं? आए दिन होते हैं! नेपाली भी मरते होंगे,'' मैंने पूछा। ''पहाड़ के जो लोग होते हैं न मैडम, उनको हमेशा लगता है कि पहाड़ उनके अपने देवता हैं। यह वादियाँ उनकी अपनी है, यह

अपने ही बच्चों को खा नहीं सकते। फिर भी हादसे तो होते ही हैं।''

पैदल बातें करते हुए हम आगे रसुवागड़ी पर उसी गेस्ट-हाउस आ गए जहाँ हम पिछली बार ठहरे थे। यहाँ आकर सबने ज़ोर का जयकारा लगाया—गुजराती महिलाओं ने भेलपूरी बनाई और चाय के साथ सबने आनंद लिया। हमें यहाँ रुकना नहीं था। आज ही आगे जाना था, हालात बिगड़ते जा रहे थे जितना आगे निकल जाएँ उतना अच्छा। हम नेपाल की खटारा बस में लद गए। हमारे साथ वह स्थानीय रेस्क्यू टीम भी चढ़ी। कोढ़ में खाज कि शाम ढलते ही बरसात शुरू हो गई थी। सबसे पहले वही लैंडस्लाइड आया जो जाते समय आया था। मतलब नेपालियों ने इसे ठीक ही नहीं किया? पहले की तरह हमने इधर बस छोड़ दी, फिसलन भरे संकरे टूटे रास्ते पर पैदल जाकर उधर की बस में चढ़ गए। रेस्क्यू दल ने चेन बना कर हमारा सामान और अशक्त लोगों को इधर से उधर पहुँचा दिया। हमसे विपरीत दिशा से भी कैलाश जाने वाले लोग आ रहे थे, वे हमारी बस में जा बैठे।

हम आधे घंटे में सात किलोमीटर भी आगे नहीं बढ़े होंगे कि फिर गाड़ी को ब्रेक लग गये। फिर लैंडस्लाइड...इस बार लाईव डिमॉन्स्ट्रेशन था, सामने ही गिरते धसकते पहाड़ की धूल और कीचड़ उछलता देखा जा सकता था। सड़क के लंबे पैच पर चट्टानें, मिट्टी, पेड़ों के तने का एक बड़ा ढेर हमारे सामने गिरकर नदी में सरक रहा था। बहुत नीचे से छपाक-छपाक की आवाज़ें हमें डरा रही थीं। आधे घंटे में धसकना बंद हो गया, मलबा और पत्थर एक टीला बन हमारी बाधा को प्रस्तुत थे, जिसे पार करना था। हमारे साथ आए कुलियों को हमारे सामान के साथ पार करना था। मुझे ग्लानि हो रही थी कि सामान और कम किया जा सकता था। लेकिन हम सबसे कम सामान वाले थे। ऊपर से पत्थर अब भी आ रहे थे, टहनियाँ भी। ऐसे दो स्थान और थे और सूरज अस्ताचल को जा रहा। घबराहट में यात्रियों ने उस ढेर को पार करना शुरू किया। जो पास जाता उसका हौसला पस्त हो जाता।

मुझे लगा कि पत्थरों का स्थिर ढेर है, निकल जाएँगे। अब इधर से उधर ही तो जाना है। एक हद के बाद खतरे भी आदत बन जाते हैं! मैं अपना बैग, जैकेट हाथ में लिये चली कि सामने का दृश्य देखकर मेरे भी छक्के छूट गए। वहाँ तो एक ढहा हुआ पथरीला ऊँचा मलबा था, जो अब भी खिसक

रहा था। जिस पर चढ़ कर लोगों की चीखें निकल रही थीं। रेस्क्यू दल उस मलबे पर डटा था, श्याम भैया, कृष्णा जी, नेपाली सहयोगी तीनों भी सहायता हेतु वहाँ जमे थे। पहले अध्यापिकाओं को निकाला। यह भगिनी-द्वय कोई हरकत न करें कैसे हो सकता था? एक ने चप्पल पहन रखी थी वह सरक कर पत्थर के मलबे में घुस गई। अब वह वहीं ढूंढने लगी पहाड़ का मलबा सरकने लगा। सब चीखे और उसको झटके से हवा में उठा कर उस पार उतार दिया, शीला जी ने कसकर डाँट लगाई।

''जान देखो हो के संपल?'' उस ढहते ऊँचे पथरीले मलबे और ऊपर से गिरते पत्थरों में जाने का साहस कोई नहीं कर रहा था। मैं और अंशु चले, हमें देर करना उचित नहीं लग रहा था। किसी भी पल कुछ भी हो सकता था, ऊपर एक पेड़ आड़ा गिरा न होता तो पूरा मलबा पल में नदी में जाता। पेड़ यहाँ भी गिर कर सहारा बना हुआ था। मैं चढ़ी, मेरे हाथ की जैकेट मेरी बेवकूफ़ी थी, हाथ में छोटा बैग भी था। मैं चलने लगी और वह मलबा हल्का-हल्का सरकता रहा, ऊपर से पत्थर गिरते रहे। नीचे नदी और खाई थी। मैं एक जगह बैठ गई जो कि नहीं करना था, पत्थर सरकने लगा। मैंने चीख कर अंशु को पुकारा—''पकड़ो मुझे। मैं जा रही हूँ...'' उन्होंने कहा—''पागल बैठ मत...मैं पलट नहीं सकता। मेरे दोनों हाथ भरे हैं, कुछ नहीं कर सकता।''

मैं जानती थी अंशु का भी साहस छूटा हुआ है। तभी एक रेस्क्यू वाले लड़के ने मुझे पेट से पकड़ कर खड़ा किया और मुझे पकड़ कर धीरे-धीरे चला कर उस पार कुदा दिया। उतर कर दस मिनट तो मैं सदमे में थी! मृत्यु से यह दूसरी बार का साक्षात्कार था। अंशु से मैंने कहा—''मृत्यु के पल में कोई किसी के साथ नहीं होता न।'' वे चुप रहे।

तभी मैंने देखा, एक सौ किलो वज़न वाली महिला को तीन नेपाली लड़के पकड़ कर ला रहे थे। हालात वही थे...मलबा सरक रहा था कि वो चीखी—''म्हारी साड़ी।'' इधर से सब चिल्लाए, ''जाने दो साड़ी को।'' शीला जी भुनभुनाई—''इनको कहता कौन है साड़ी पहन के कैलाश यात्रा पर आओ, बताओ तो पैर में चप्पल, साड़ी...मरने की परवाह नहीं है।''

हमारे दल के एक नवदंपति तो साहस ही नहीं कर रहे थे। उनमें से

लड़की बार-बार मलबे के पास आकर लौट जाती। तब शीला जी ने डाँट लगाई कि सब बड़े-बूढ़े, मोटे पार कूद गये...तुमको डर लग रहा। ठीक है फिर कल अगले ग्रुप के साथ आना। धमकी का असर हुआ, वह लड़की पति को थामे चीखों से घाटी गुंजाती चार मिनट में इस पार आ गई।

सभी लोगों को निकल कर आने में तीन घंटे लग गए थे। पेड़ ने बीच में अड़ कर मज़बूती से रेस्क्यू टीम वालों का साथ दिया। मगर पेड़ का कौन साथ देने वाला है? वह तो एक बरसात और होने पर अपनी जड़ें छोड़ इस पगलाई नदी में हमेशा के लिए बह जाएगा। हम पूरे तीन घंटे खुले में भीगते रहे थे, मगर इस तरफ़ बस नहीं थी। कुछ जीपें खड़ी थीं जिनमें हमें जाना था। उन जीपों में पंजाब से एक ग्रुप आया हुआ था। मैं अब भी भय से थर-थर कांप रही थी कि एक एलीट पंजाबी अधेड़ महिला मेरे पास आई।

''हाओ इज़ द सिचुएशन?''

''वेरी वेरी क्रिटिकल! नॉट ऑनली इन नेपाल अदर साइड इन तिब्बत ऑल्सो!'' मेरी आँखों में आँसू थे। वह अविश्वास से मुझे देखती रही क्योंकि आधे रास्ते से कौन लौटता है? वे भी जोखिम की तरफ़ बढ़ गए और हाथ थाम हम से विपरीत मलबे की दिशा में जाने लगे। बाद में हमने सुना वह दल खैरूँग में ही कई दिन रहा।

अगला लैंडस्लाइड शायद कम खतरनाक रहा होगा जो आज चाह कर भी याद नहीं आ रहा। मुझे बस इतना याद है कि रात के ग्यारह बजे भूखे-प्यासे हम एक धूंचे नामक कस्बे में पहुँचे जहाँ कई सीढ़ियाँ चढ़कर गेस्ट-हाउस था, उसमें गर्म-दाल चावल खाए। इन खतरों से निकल आने और हर जगह गर्म खाना और आरामदेह आवास मिल जाने के पीछे शीला जी का मैनेजमेंट बहुत शानदार था। कितने लोग बीमार हुए, कितनों ने सामान खोया, कितने लोग उनसे नाराज़ हुए मगर वे धैर्य रखे रहीं और यह यात्रा सकुशल पूरी करवाई।

हम धूंचे के इस गेस्ट हाउस में सुबह उठे तो सुरम्यता ने हमारा जो स्वागत किया हम सब बीता हुआ भीषण भूल गए। पता चला वहाँ प्रसिद्ध गौसाईंकुण्ड यात्रा चल रही है। दूर-दूर से आकर लोग यह पाँच किलोमीटर की पदयात्रा

कर रहे थे। आगे रास्ता शांत था...नदी साथ थी मगर अब इसका नाम कहीं वेत्रवती भी था। यह तो बेतवा का भी नाम है। कई जगह दो नदियों के एक ही नाम बड़ा असमंजस में डालते हैं।

आखिरी एक मुश्किल काठमांडू का दो घंटे का ट्रैफ़िक जाम था...तेईस अगस्त को हम होटल शांग्रीला वापस पहुँच गए। हमारी नेपाल से वापसी का कार्यक्रम मेरे जन्मदिन 26 अगस्त के बाद था। हमने अगले तीन दिन काठमांडू में मस्ती करते हुए, त्रिशुली नदी के तट पर जंगली नाशपातियों से भरे जंगलों की सैर करते हुए बिताए। सत्ताईस तारीख को हम दिल्ली अपने समधी जी के घर थे...सबको अपनी यात्रा के रोमांचक किस्से सुनाते हुए।

## संदर्भ सूची


1. *मेघदूत,* अनुवाद नागार्जुन कृत, वाणी प्रकाशन, नई दिल्ली
2. *कालिदास का भारत,* भगवतशरण उपाध्याय, भारतीय ज्ञानपीठ, नई दिल्ली
3. *कैलाश-मानसरोवर,* स्वामी प्रणवानंद, हिन्दी साहित्य सम्मेलन, प्रयाग
4. *महातीर्थ के कैलासबाबा,* बिमल डे, राजकमल प्रकाशन, नई दिल्ली
5. *तिब्बत इस संसार से परे,* लॉवेल थॉमस जूनियर, *Out Of This World To Forbidden Tibet* का हिन्दी अनुवाद, अनुवादक रामदत्त पंत, सामयिक प्रकाशन

# अलकानगरी की खोज

*तस्योत्सङ्गे प्रणयिन इव स्रोतङ्गादुकूलां*
*न त्वं दृष्ट्वा न पुनरलकां ज्ञास्यसे कामचारीन्!*
*या वः काले वहति सलिलोद्गारमुच्चैर्विमाना*
*मुक्ताहजालग्रथितमलकं कामिनीवाभ्रवृन्दम्॥*

*प्रियतम की गोद में प्रेयसी की तरह*
*कैलाश की गोद में सुशोभित है अलका नगरी*
*नीचे खिसकी जा रही होगी गंगा शॉल समान*
*हो नहीं सकता कि तुम पहचानो न अलका को।*
*ऊँचे भवनों वाली उस नगरी पर*
*छाए ही रहते हैं बादल तुम्हारे मौसम में*
*कि मोतियों की झालरें ज्यों कुन्तलकलाप पर!*

(64 श्लोक पूर्वमेघ, मेघदूत : नागार्जुन कृत अनुवाद)

कालिदास 'मेघदूत' में अलकानगरी की दिव्यता पर पूरे बारह श्लोक खर्च करते हैं। इतनी अधिक पंक्तियाँ तो उन्होंने अपने हृदय के अत्यंत निकट रही उज्जयनी पर भी खर्च नहीं कीं। मुझे जो महसूस होती है वह सरल-सी बात यह है कि कविता में काल्पनिक की प्रतिस्थापना के लिए अधिक शब्द खर्च किये जाते हैं कि वह वास्तविक प्रतीत हो। यूँ तो पुराणों में भी वर्णित है अलका, किंतु अलका की दिव्यता का सबसे जीवंत विवरण कालिदास ही करते हैं। वैभव में डूबे कुबेर की नगरी अलका का वर्णन करते हुए वे रत्नों, मणियों, स्वर्ण की मेहराबों वाली आकाश छूती अट्टालिकाओं

का विवरण देते हैं, जिनके तलघरों में अकूत सम्पत्ति भरी है। किंतु प्रकृति के नैसर्गिक वैभव का मोह उनसे अलकानगरी में भी नहीं छूटता। कल्पना का रंग पाकर यह प्रकृति प्रेम और अनूठा हो जाता है। वे कल्पना करते हैं कि मणि-कांचन से सम्पन्न धरा की तरुणियाँ हीरे-पन्नों को तवज्जोह देती ही नहीं। वे तो वहाँ हर समय मिलने वाले, सभी ऋतुओं के फूलों से श्रृंगार करती हैं।

*हस्तेम लीलाकमलमलके बालकुन्दानुविद्धं*
*नीता लोध्रप्रसवरजसा पाण्डुतामानने श्रीः।*
*चूडापाशे नवकुरवकं चारु कर्णे शिरीषः*
*सीमन्तेक च त्वपदुपगमजं यत्र नीपं वधूनाम्॥*

*हाथ में कमल*
*कुंद के अधखुले फूल गुथे हैं बालों में*
*रगड़ रगड़ कर लोध्र कुसुम का धारा पराग*
*मुख की कांति को बना लिया है पांडुर*
*जूड़ों में खोंसे हैं कुरवक टटके*
*सौरभमय शिरीष कानों में हैं लटके*
*मात्र तुम्हारी ऋतु में खिलने वाला कदम्ब पुष्प*
*पाता है अलका में शीश पर गौरवपूर्ण स्थान*

(66 श्लोक पूर्वमेघ, मेघदूत : नागार्जुन कृत अनुवाद)

हमारे धार्मिक ग्रंथ कहते हैं कि अलकानगरी कैलाश के निकट, कहीं गुप्त स्वर्गिक उपत्यकाओं में बसी एक पौराणिक नगरी है। 'महाभारत' में इस नगरी का उल्लेख आता है कि—यह यक्षों के स्वामी कुबेर की नगरी है। इस नगरी की तुलना देवताओं के राजा इन्द्र की राजधानी स्वर्ग से की जाती है। 'रामायण' में भी कुबेर रावण के त्रस्त भ्राता की तरह उपस्थित हैं।

पुराणों में कहा जाता है पुलस्त्य के पुत्र विश्रवस को कुबेर, रावण, कुंभकर्ण और विभीषण नाम के चार यक्षपुत्र हुए थे। कुबेर ने ब्रह्मा की घोर तपस्या करके अपार संपत्ति व पुष्पक विमान प्राप्त किया था। इस कारण 'गीता' में भी इनको वित्तेश (10.23) कहा गया है। विश्रवस ने कुबेर के लिए लंका में सोने की नगरी बना दी थी और उसके मनोरंजन के लिए वहाँ स्वर्ग की

अप्सराएँ आदि नियुक्त कर दी थीं। 'महाभारत' में कुबेर की सभा का वर्णन देखने को मिलता है। (महाभारत का सभा पर्व)

कुछ ही समय में रावण ने शिव की घोर तपस्या करके 10 मुख धारण किए और महाबली बनने का वरदान प्राप्त किया था। अतुलित बल प्राप्त होने के कारण रावण में घमंड और लंकाधिपति बनने का मोह आ गया। उसने कुबेर को लंका से भगा दिया और उसकी स्वर्णनगरी, समस्त संपत्ति व पुष्पक विमान छीन लिए थे। राम और रावण के युद्ध के प्रसंग में इसी कारण कुबेर तथा विभीषण को राम की सहायता करते वर्णित किया है। रावण वध के पश्चात् कुबेर ने रावण की बची हुई संपत्ति ली और अलकानगरी में अपना नगर बसाया था। कुबेर की पत्नी का नाम भद्रा, पुत्र का नाम नल कुबेर था।

कुबेर के उद्यान का नाम चैत्ररथ था। कुबेर को दिक्पालों में से एक माना गया है—उत्तर दिशा का दिक्पाल।

भारतीय प्राचीन कला में भी कुबेर का आलेखन काफ़ी हुआ है भरहुत की वेदिका में एक अर्धचित्र है जिस पर अंकित 'कुपिरो यखो' अभिलेख के अनुसार मानते हैं कि यह प्रतिमा कुबेर यक्ष की है। इस प्रकार यह उनकी सबसे प्राचीन प्रतिमा है जो लगभग 100 वर्ष ईसापूर्व की कही जा सकती है।

विदिशा, पाटलिपुत्र, मथुरा आदि अनेक नगर उस समय कुबेर-पूजा के केन्द्र थे इसलिए इन स्थानों से भी कुबेर की अनेक प्रतिमाएँ प्राप्त होती हैं। मथुरा से कुबेर तथा उनकी पत्नी हारीति की कुषाण एवं गुप्त काल की अनेक प्रतिमाएँ मिलती हैं। जिसमें वे एक हाथ में मदिरा दूसरे में धन की थैली लिए हुए अंकित होते हैं। कुछ प्रतिमाओं में उन्हें पर्वत के ऊपर, कुछ में उन्हें धन के ऊपर आसीन दिखाया जाता है।

अष्ट-निधियों के स्वामी होने के कारण अनेक कलाकृतियों में कुबेर के साथ शंख पद्म आदि का भी चित्रण मिलता है। दिक्पाल की भूमिका में कुबेर का चित्र मध्यकालीन कला में उपलब्ध होता है। बौद्ध धर्म और कला में कुबेर को जांभाल कहा गया है। वज्रयान और महायान में इसी रूप में उनका अंकन हुआ है। महायान में इनकी पत्नी का नाम वसुधारा तथा वज्रयान में मारीचि मिलता है। जैन धर्म में कुबेर को मल्लीनाथ तीर्थंकर का यक्ष कहा गया और

इस रूप में वे जैन कलाकृतियों में भी मिलते हैं।

वसुधारा से मुझे याद आया पिछले वर्ष जब हम बद्रीनाथ गए थे तो माना गाँव भी गए थे। वहाँ कुछ साधु बद्रीनाथ की तरफ़ ऊपर हिमालय से लौटे थे। बातचीत में पता चला कि वे नारद गुफ़ा में तीन दिन बिता कर लौटे हैं। स्वर्गारोही मार्ग होकर आए हैं, जहाँ से पाँच पांडव और द्रोपदी ने सदेह स्वर्गारोहण किया माना जाता है। उस स्वर्गारोही मार्ग से कुबेर-पीक, अलका-पीक दिखती हैं, और वहाँ दूध समान झरना गिरता है, जिसका नाम वसुधारा है। वहाँ एक लक्ष्मीवन है, जहाँ से नंदा-नदी की एक धारा अलका पीक पर गिरती है और वहाँ से निकल कर वह अलकनंदा बनकर बहती है। महेंद्रगिरी जी नाम के ये साधु युवा और जोशीले थे। उनके पास स्मार्ट फ़ोन था, उन्होंने मुझे विडियो यह कह कर दिखाया—

"लो, कर लो दर्शन स्वर्गारोही, अलका, कुबेर पीक के मुफ़्त में। हम जानते हैं हमें कितना दम लगाना पड़ा वहाँ जाने में। ये देखो हम वसुधारा में नहाते हुए। यह धारा केवल पुण्यात्माओं को भिगोती है।"

अंशु, मैंने और हमारे साथ गये डॉ. दीक्षित ने चाव से एक ढाबे पर चाय सुड़कते हुए उनकी बातें सुनी थीं। महेंद्रगिरी जी ने आगे बताया कि— "नारद-गुफ़ा में रात को गंधर्व और यक्षों के संगीत की आवाज़ें आती थीं... वाद्ययंत्रों की आवाज़..." हालाँकि यह यकीन करने वाली कोई तार्किक बात तो थी नहीं लेकिन कालिदास की कल्पना याद आ गई थी।

*अक्षय्यान्तर्भवननिधय: प्रत्यईहं रक्तककण्ठैक-*
*रुद्गायद्भिर्धनपतियश: किंनरैर्यत्र सार्धम्।*
*वैभ्राजाख्यं बिबुधवनितावारमुख्यासिहाया*
*बद्धालापा बहिरुपवनं कामिनो निर्विशन्ति॥*

*तलगृह में सुरक्षित अखूट निधियों के अधिपति*
*विलासी स्वभाव के अजर-अमर यक्षगण*
*समय बिताते उपवन में बैठ बैठ प्रमुख अप्सराओं के साथ*
*सुनते हैं ललितकंठ किन्नरों से लय-तालबद्ध गीत*

—राजराजेश्वर कुबेर की विरुदावली के कोमल-कमनीय पद!

(74 श्लोक पूर्वमेघ, मेघदूत : नागार्जुन कृत अनुवाद)

कैलाश में भी लोगों को दिव्य अनुभूतियाँ होती हैं जिन्हें मैं झूठ नहीं भी मानूँ तो या तो वे कुछ प्राकृतिक क्रियाएँ मसलन उल्कापात, पर्वत के शिखरों से परावर्तित रोशनियाँ, हवाओं के पर्वतीय उपत्यकाओं से निकलने पर बने नाद और तान होते हैं। या फिर मैं उन्हें अधिक ऊँचाइयों पर ऑक्सीजन की कमी के चलते हुए भ्रम से अधिक नहीं मानती।

किंतु जिज्ञासा ये उठती है कि ये हिमालय की पास-पास स्थित चोटियों का नामकरण क्या पुराण का पारायण करने वाले हमारे ऋषियों ने किया है या कोई अतिप्राचीन कड़ी मिसिंग है इसमें? कालिदास ने 'मेघदूत' में जिस 'अलकापुरी' का वर्णन किया है। वह कैलाश पर्वत के निकट किसी नदी के तट पर ही बसी होगी जैसा कि नाम-साम्य से प्रकट भी होता है।

कैलाश परिक्रमा में जब हम डोल्मा-ला से गुज़र रहे थे श्याम भैया ने मुझे सामने देखने को कहा था, वहाँ कैलाश का तो उत्तरी अंश मात्र दृष्टिगोचर था, वह भी बादलों के घटाटोप में छिपता-लुकता, किंतु वहाँ एक बर्फ़ीली पर्वतमाला भी थी जिसका नाम 'गैल्पो नोर्जिंगी फोपरांग' था यानी धन के स्वामी कुबेर का घर। वहाँ तो कोई अलकनंदा का तट या मंदार के वृक्षों की गुंजाइश नहीं दिखती। हाँ, इन पहाड़ों-घाटियों में ल्हाछू नदी है, जो शतद्रु-सतलज में बदलती है , शेष सिंधु उत्तर के किनारे, कर्नाली दक्षिण में, यारलंग त्सांगो (ब्रह्मपुत्र) पूर्व में प्रवाहित हो गई और सतलुज यात्रा की पश्चिम।

कालिदास का अलका-वर्णन बहुत कुछ काल्पनिक है। कवि ने गंगा नदी का उल्लेख अलकापुरी के एकदम निकट ही किया है, जबकि वर्तमान भौगोलिक स्थिति के अनुसार भी गंगा किसी भी तरह कैलाश पर्वत के निकट नहीं प्रवाहित होती है। हाँ, अलकनंदा नदी ज़रूर कैलाश और बद्रीनाथ के निकट बहने वाली गंगा नदी की एक शाखा है। कालिदास ने अलका और गंगा को निकट बताया है। तो क्या साधु महेंद्रगिरी वाले स्वर्गारोही मार्ग पर कहीं अलकानगरी है? जहाँ अलकनंदा भी है और अलका-पीक और कुबेर-पीक भी। मगर कैलाश वहाँ से दूर है और वह अलका कैलाश की तलहटी में नहीं है। यह उपकल्पना 'मेघदूत' से भी कुछ हद तक पुष्ट होती है जिसमें वर्णित है कि अलका में स्थित यक्ष के घर की वापी में रहने वाले हंस बरसात में भी

लौटकर मानसरोवर नहीं जाते हैं। हंसों के लिए अलका से मानसरोवर पर्याप्त दूर होगा नहीं तो इन पक्षियों के प्रव्रजन की बात कवि न कहता।

गंगा का मूलस्त्रोत गंगोत्री के काफ़ी उत्तर में, दुर्गम हिमालय की पहाड़ियों से प्रवाहित होता है।

मान्यताओं की यह धारा कहाँ-कहाँ जाती है कि कालिदास ही इस यक्ष को 'मेघदूत' में अमर नहीं करते हैं बल्कि 'पद्म पुराण' में मैं भी कुबेर के इस सेवक यक्ष की कथा मिलती है। कहते हैं एक समय की बात है अलका-नगरी के स्वामी कुबेर के पास हेममाली नाम का एक यक्ष-सेवक था। वह प्रतिदिन पूजा के पुष्प लेकर आता था। उसकी विशालाक्षी नाम की सुंदर नवविवाहिता पत्नी थी। जिससे वह बहुत प्रेम करता था। एक दिन मानसरोवर से पुष्प लाते समय वह अपनी स्त्री के प्रेम-पाश में उलझ गया और स्वामी कुबेर के पास पहुँचने में विलम्ब हो गया। कुबेर उस समय मंदिर में भगवान शंकर की पूजा करने बैठ रहे थे। बहुत प्रतीक्षा करने पर भी हेममाली पुष्प लेकर नहीं आया तो कुबेर ने अन्य यक्षों से कहा कि हेममाली को ढूँढ कर लाओ। जब पता चला कि वह तो अपनी पत्नी के शयनकक्ष में है। इस पर कुबेर ने उसे सबल बुला भेजा। श्राप दिया कि—तूने मेरे देव का अपमान किया है अतः तुझे कुष्ठ रोग हो। तुझे सदा स्त्री बिछोह मिले। तू अभी अलका से चला जा।

बेचारा हेममाली कुष्ठग्रसित हो अलकानगरी से चला गया। यहाँ-वहाँ भटकते हुए एक दिन वह हिमालय में महर्षि मार्कंडेय के आश्रम में जा पहुँचा। अपनी पूरी व्यथा-कथा सुनाई। महर्षि ने अपने वरदान से उसे कुष्ठ-मुक्त और स्वस्थ तो कर दिया मगर कुबेर की सज़ा को कैसे बदल सकते थे। बाद में कुबेर ने उस सज़ा को एक वर्ष के अलकानगरी से निष्कासन में बदल दिया।

कालिदास के अनुसार अलकानगरी, वैभ्राज नामक उद्यानों और अट्टालिकाओं के अपने विशाल बाग-बगीचों, बावड़ियों से सजी नगरी है। जिसमें नानाविध पुष्पों से मुखरित पौधे हैं। विभिन्न मौसमों के फूल एक ही मौसम में खिले हैं, क्योंकि अलकानगरी में सदा बसंत रहता है। कमल बावड़ी में हरदम कमल खिलते हैं। मंदाकिनी के तट पर ऊष्णकटिबंधीय जलवायु

का मंदार वृक्ष खिला रहता है, इसके फूलों से अभिसारिकाएँ श्रृंगार करती हैं। अशोक वृक्ष भी यहाँ मिलता है। क्योंकि हिमालय है तो देवदार तो मिलेगा ही।

अलकापुरी यानी कैलाश के ढलान पर यक्ष-गंधर्वों-किन्नरों की अप्रतिम नगरी और यक्षराज कुबेर की राजधानी। अलका की जो सुषमा कालिदास वर्णित करते हैं, भले आज कैलाश की उपत्यका के अंचल में उसका होना असंभव लगता है। तिब्बत तो एक रेगिस्तानी पठार है, उस पर अलका नानाविध वनस्पतियों से सजी नगरी। प्रकटत: तो अलका इस भौगोलिक जगत की नगरी न होकर, काव्यलोक की काल्पनिक नगरी है, सर्वथा पौराणिक। अलकानगरी, जिसे कभी अल्कापुरी भी कहा जाता है, स्वर्ग जैसी ही कोई कल्पना है। जहाँ बुढ़ापा नहीं आता, जहाँ कोई दुख नहीं सालता, जहाँ कोई गरीब नहीं क्योंकि कल्पवृक्ष है न, जब जो चाहो उससे मांग लो।

*आनंदोत्थं नयनसलिलं यत्र नान्यैर्निमित्ते-*
*नन्यिस्ताप:कुसुमशरजादिष्टसंयोगसाध्यात।*
*नाप्यन्यस्मात्प्रणयकलहाद्विप्रयोगोपपत्ति-*
*र्वितेशानां न च खलु वयो यौवनादन्यदस्ति॥*

*आनंद के कारण ही सजल हो आती हैं आँखें*
*अन्यथा देख नहीं पाओगे आंसू!*
*लगते जब कामदेव के तीर बस तभी पैदा होती है जलन*
*—जिसका प्रतिकार है इच्छित-जन-समागम !*
*करते हैं चुहलबाज़ आपस में प्यार के झगड़े*
*बिछुड़ते हैं जानबूझकर ; बस यही बिछोह है उनके यहाँ !*
*बचपन न बुढ़ापा, जवानी ही जवानी होती है*
*समूची आयु!*
*धनपति यक्षों का बस कुछ ऐसा ही होता है अनूठा संसार*

(68 श्लोक पूर्वमेघ, मेघदूत : नागार्जुन कृत अनुवाद)

अलका एक सुहानी कल्पना है मानव-मन की। फिर भी संभावना तो हो ही सकती है, एक ऐसे नगर की जहाँ सुंदरता ऐसी हो कि वहाँ के निवासी अधेड़ होकर भी युवा से दिखते हों। रंगीन मोतियों, परिधानों से सजी रहती

हों वहाँ की संगीत प्रवीणा स्त्रियाँ। ऐसी सदा उर्वरा धरा हो कि हरेक के घर धनधान्य रहता हो। उस नगर के पुरुष स्त्रियों का सम्मान करते हों तो वह नगर तो स्वत: स्वर्गोपम अलकानगरी ही हो जाएगा। तिब्बत, नेपाल के किसी नगर की कल्पना के साथ किन्नौर को भी भौगोलिक दशा, वहाँ की स्त्रियों की सुंदरता और सज्जा के कारण अलकानगरी की संभावना की सूची में रख दिया जाता है।

मुझे क्या लगता है कि इस धरा पर मानवीय गतिविधियों के चलते, जंगलों के कटते चले जाने से इन बरसों में कितने भौगोलिक बदलाव आए हैं, पारिस्थिकी तंत्र बदले हैं, नदियाँ विलुप्त हुईं, समुद्र विलुप्त हुए, इकोसिस्टम्स बदले हैं। हो सकता है पहले तिब्बत इस तरह बर्फ़ीला रेगिस्तान न हो। क्योंकि एवरेस्ट की ऊँचाई लगातार बढ़ रही है ऐसा वैज्ञानिक 1998 से साबित करते आ रहे हैं।

प्रोफ़ेसर ब्रॉड वॉशबर्न (बोस्टन म्यूज़ियम ऑफ़ साईंस) विश्व के अग्रणी माउंटेन कार्टोग्राफ़र हैं। उन्होंने और उनकी टीम ने 1998 में यह नया तथ्य संसार को दिया कि विश्व की सबसे ऊँची चोटी एवरेस्ट अपने पुराने रिकॉर्ड से 7 फ़ीट ऊँची हो चुकी है। एवरेस्ट की 1953 से ऑफ़िशियल हाइट 29028 फ़ीट मानी जाती रही थी। लेकिन रडार डिवाइस और समिट (Summit) पर GPS लगा कर किए गए प्रयोग से उन्होंने एवरेस्ट को फिर से मापा। कई महीनों की अनेकों रीडिंग्स और अनथक प्रयासों के बाद प्रोफ़ेसर ब्रॉड वॉशबर्न और उनकी टीम ने एवरेस्ट की नई ऊँचाई का पता दिया। 1999 में वैश्विक मीडिया में एवरेस्ट की ऊँचाई 8850 मीटर अर्थात् 29035 फ़ीट घोषित हुई थी। यानी जब 1953 से सर एडमिन हिलेरी और शेरपा तेनसिंग ने एवरेस्ट पर चढ़ाई की थी तब से 1998-99 तक 45 वर्षों में यह ऊँचाई सात फ़ीट बढ़ गई। (साभार : http://news.bbc.co.uk/w/hi/south_asia/517730.stm)

तो संभव है 1600 वर्ष पहले कैलाश की तलहटी की झील मानसरोवर में पीताभ कमल खिलते हों, और कोई ऐसी ऐश्वर्य सम्पन्न और प्रकृति की गोदी में पलती अलकानगरी हुआ करती हो! जहाँ इतना धन-धान्य होता हो कि लोगों को काम नहीं करना पड़ता हो। वायु इतनी जीवनदायिनी होती हो कि वहाँ आयु और यौवन लंबा होता हो।

यह भी संभव है कि उस समय या उससे पूर्व कैलाश के निकट वर्तमान तिब्बत में किसी पर्वतीय जाति अथवा यक्षों की नगरी का अस्तित्व रहा हो। कैलाश के निकट ही कालिदास ने मानसरोवर का वर्णन भी किया है— हेमाम्भोजप्रसविसलिलं मानसस्याददानः। संभव है कालिदास के समय में या उससे पूर्व कैलाश के क्रोड़ में किसी पार्वतीय जाति अथवा यक्षों की नगरी वास्तव में ही बसी हो। अलकावती नामक यक्षों की नगरी का उल्लेख 'बुद्धचरित' में भी है जिसका भावार्थ यह है कि 'तव अलकावती नामक नगरी में 'तथागत' ने मद्र नाम के एक सदाशय यक्ष को अपने धर्म में प्रव्रजित किया।' रायज डेविडस तथा चाइल्डर्स की यह मान्यता है कि कालिदास को अलकानगरी की परिकल्पना बौद्ध साहित्य में महापरिनिज्बानसुत्त में वर्णित देवों की राजधानी अलकनन्दा से मिली है। अलकनंदा का उद्गम मानसरोवर यात्रा में मिलता है। ('कालिदास : हिज़ आर्ट एण्ड थॉट', टी.जी. मईणकरण, 1962, पृ.126-27)

एक और संभावना जो मुझे लगती है, सतलुज के संदर्भ में भी वह सामने आई थी। कहते हैं कैलाश के जल से राक्षस-ताल निर्मित हुआ और राक्षस ताल से सतलुज़ निकल कर तिब्बत के दर्रे शिप्की-ला से भारत के किन्नर लोक में प्रवेश करती है। कैलाश से सटा क्या किन्नर प्रदेश ही अलका नगरी है? जहाँ का प्राकृतिक और मानवीय सौंदर्य संसार में दुर्लभ है और किन्नौर के लोग स्वयं को यक्षों-किन्नरों के वंशज मानते हैं।

*मन्दा किन्याः सलिलशिशरैः सेव्येमाना मरुदभि-*
*र्मन्दाराणामनुतटरुहाँ छायया वारितोष्णाः।*
*अन्वे ष्ट्व्यैः कनकसिकतामुष्टिनिक्षेपगूढैः*
*संक्रीडन्तेय मणिभिरमरप्रार्थिता यत्र कन्याकः॥*

*ऐसी खूबसूरत होती हैं अलका की तरुणियाँ*
*पाने को सुरगण रहते हैं लालायित*
*मंदाकिनी-सलिल-सिक्त-शिशिर-समीर-सेवित*
*तटवर्ती मंदार तरुओं की छाया में*
*सुनहरे बालू के अंदर डालती हैं मुट्ठियाँ*
*खेलती हैं रत्नों को छिपाने व ढूँढने का खेल*

(70 श्लोक पूर्वमेघ, मेघदूत : नागार्जुन कृत अनुवाद)

6,050 मीटर ऊँचे किन्नौर कैलाश के बहुत ही निकट स्थित है। किन्नौर कैलाश को भगवान शिव का शीतकालीन आवास माना जाता है। हमारे वरिष्ठ कथाकार 'हरनोट' अपने एक लेख 'प्राचीन किन्नर देश और वर्तमान किन्नौर' में लिखते हैं—"प्राचीन संस्कृत ग्रन्थों, वेदों और पुराणों, रामायण-महाभारत तथा साहित्यिक कृतियों में इसे किन्नर देश ही माना गया है जिसके अनेकों उद्धरण मौजूद हैं। यह देश पूर्व में गंगा यमुना तथा पश्चिम में चन्द्रभागा नदियों के उद्‍गमों तक विस्तृत था। इसका प्रमाण सुतपट्टिक के विमान वत्थु जो ईसा पूर्व द्वितीय-तृतीय सदी का ग्रन्थ माना जाता है, में दर्ज इन पक्तियों से मिलता है—चन्द्रभागा नदी तीने अहोसिं किन्नर तदा।" (साभार http://www.himvani.com/661/historical-kinnaur-present-kinnaur-mistake-kinners-word/)

हम कैलाश-यात्रा में जाते समय भी नेपाल में दो दिन ठहरे थे, आकर भी नेपाल में तीन दिन व्यतीत किये। नेपाल के प्राचीन अवशेष मुझे आकर्षित करते रहे। वहाँ की प्राचीन भवन निर्माण कला अद्‍भुत है। पुरातन काठमांडू में महल और चौक जो थे मुझे बारम्बार अलका नगरी के अवशेष लगते रहे। टीक के बने अत्यंत महीन जाली वाले गवाक्ष। खास तौर पर दरबार-स्क्वायर, या पशुपतिनाथ मंदिर के आस-पास बने महल। हालाँकि भूकंप ने नेपाल की बहुत सी प्राचीन धरोहरें नष्ट कर दीं। कालिदास अलका की जिस तरह कल्पना रचते हैं और जीवंत करते हैं मुझे नेपाल में काठमांडू में वह साकार होती प्रतीत होती हैं।

*विद्युत्वरन्तं ललितवनिता: सेन्द्रेचापं सचित्रा:*
*संगीताय प्रहतमुरजा: स्निग्धठगम्भीररघोषम्।*
*अन्त स्तोयं मणिमयभुवस्तु ड्मभ्रंलिहाग्रा:*
*प्रासादास्वांमणि तुलयितुमलं यत्र तैस्तैंर्विशेषै: ॥*

*क्यों न करेंगे बराबरी तुम्हारी*
*अलकापुरी के ऊँचे-ऊँचे प्रासाद*
*लपलपाती बिजलियाँ हैं तुम्हारे साथ*
*तो उनके साथ ढीठ और छबीले तरुणियों*
*इंद्रधनुष बढ़ाता है तुम्हारी शोभा*

*तो वे भी जगमगाते हैं रुचिर चित्रों से*
*गरजते हो तुम मंद्र-गंभीर*
*तो उनमें भी संगीत के समय छनकते हैं ढोलक*
*घनीभूत है तुम्हारे अंदर श्याम-नील सलिल*
*तो नीलमणि खचित है उनकी भी गचें*
*तुम हो ऊँचाइयों पर तो उनकी भी अटारियाँ*
*गगन को चूम रहीं*

(65 श्लोक पूर्वमेघ, मेघदूत : नागार्जुन कृत अनुवाद)

इस कल्पना का आधार नहीं लेकिन कालिदास तो ठहरे कल्पनाओं के दक्ष-यक्ष, उनकी कल्पनाएँ जब निसृत होती हैं तो पाठक के मन में सहस्त्रगुणित हो विस्तार पाती हैं। कालिदास ने जिन कल्पनाओं की अपनी पंच-इंद्रियों की सजग चेतना में डूब-डूब कर लिखा होगा उस कल्पना में उतर पाठक की सैंकड़ों सुप्त इंद्रियाँ जागृत हो जाती हैं। नेपाल का मौसम भी सदाबहार जैसा है। जंगलों में नाशपातियां, सदानीरा नदियों में शालिग्राम तैरते हैं। और वहाँ की तरुणियाँ क्या शक है कि सुंदर और चंचल हैं।

*मत्वा देवं धनपतिसखं यत्र साक्षाद्वसन्तं*
*प्रायश्चासपं न वहति भयान्म न्मथः षट्पदज्यहम्।*
*सभ्रूभङ्गप्रहितनयनैः कामिलक्ष्ये ष्वंमोघै-*
*स्तास्याारम्भाश्च ?तुरवनिताविभ्रमैरेव सिद्धः ॥*

*जानकर कुबेर सखा शिव को विद्यमान*
*अलका में अपना धनुष कभी नहीं उठाता आतंकित*
*पुष्पवाण*
*तान तान कर कँटीली भंवें*
*फेंक फेंक कर तीखे नयन*
*साधती अचूक निशाना*
*करती हैं प्रेमी पुरुषों का शिकार छबीले तरुणियाँ*
*और क्या चाहिए भला कामदेव को?*

(76 श्लोक पूर्वमेघ, मेघदूत : नागार्जुन कृत अनुवाद)

वर्तमान में कालिदास वर्णित अलका की कल्पना भी महज़ मन का सुख हो सकती है। वह वास्तव में थी या नहीं इसका प्रश्न बेमानी है क्योंकि कालिदास वर्णित स्वर्ग का अनुपम टुकड़ा 'उज्जैयनी' भी उज्जयनी जैसी नहीं मिली। कालिदास ने उसे तब अलकानगरी के बरक्स रखा था, किंतु आज तो क्षिप्रा ही कराहती मिलती है। तो उसके तट की नगरी का सौंदर्य केवल हमारी अंधी आस्थाओं के चलते, मंदिरों तक सिमट गया।

'अलका और उज्जयिनी, दोनों में कितना साम्य है। दोनों ही परम पुण्यों के भोग के लिये बनी हैं, फिर भी अलका देव-योनि के लोगों के लिए है और उज्जयिनी मानव-योनि के। अलका भाग्योपार्जित समृद्धि का निवास-स्थान है और उज्जयिनी बाहु-बलार्जित लक्ष्मी की क्रीड़ा-भूमि। देव-योनि की बस्ती अलका पुण्यकर्मा व्यक्तियों की सिद्धि है, तो उज्जयिनी वर्तमान मनुष्यों की साधना-भूमि है।' (मेघदूत एक पुरानी कहानी, आ. हज़ारी प्रसाद द्विवेदी)

विदिशा, दशपुर, दशार्ण की तरह ही 'अलका' नगरी हो गई होती। जैसा भोग-विलास का वहाँ माहौल वर्णित है कलयुग ने उन मान्यताओं को मैला कर दिया होता। सड़क ने वहाँ तक पहुँच वे उन्मुक्त संस्कार प्रदूषित कर दिये होते। जैसा कि हम देख चुके हैं कि नॉर्थ-ईस्ट, छत्तीसगढ़ के आदिवासियों में यौन उन्मुक्तता पाई जाती थी। लेकिन उन दूरस्थ अनछुए इलाकों तक सड़क ने पहुँच कर उनके प्रकृति प्रदत्त संस्कारों पर शर्मिंदा कर दिया। वे अपनी उन्मुक्तता को नकारने लगे। भगौरिया जैसा सुंदर प्रणय उत्सव अब जीवन साथी चुनने की स्वतंत्रता का पर्याय न होकर, महज मेला होकर रह गया है। वे आदिवासी ऐसा कर खुद को पिछड़ा मानते हैं, जबकि वह तो सबसे अगड़े हैं, अब तो यह है कि 'अलका' हमारी सपनीली कामनाओं की नगरी बनी रहे, मानव के स्पर्श से कम मैले हुए, विकास के तले कम रौंदे गए किन्हीं सुंदर अछूते स्थलों पर 'देजा वू' (Déjà vu-the feeling that one has lived through the present situation before.) के अहसास के साथ टुकड़ों-टुकड़ों में मिलती रहे।

अलकानगरी की कामना के साथ मेरी 'मेघ-मार्ग' की यात्रा समाप्त हुई। लेकिन मन में 'किन्नौर' कुनमुना रहा है।

## संदर्भ सूची

1. *महाभारत,* गीताप्रेस गोरखपुर
2. *गीता,* गीताप्रेस गोरखपुर
3. *बुद्ध चरित,* अश्वघोष, चौखम्भा विद्याभवन, वाराणसी
4. *मेघदूत एक पुरानी कहानी,* ह.प्र. द्विवेदी, राजकमल प्रकाशन, दिल्ली
5. *Kalidass : his art and thought*, TG Mainkar, Deshmukh Prakashan, Pune

**साभार वेबसाइट्स**

1. Prof. Braud Washburn, Boston Museum of Science
   Courtesy : http://news.bbc.co.uk/2/hi/south_asia/517730.stm)
2. *प्राचीन किन्नर देश और वर्तमान किन्नौर*—हरनोट
   http://www.himvani.com/661/historical-kinnaur-present-kinnaur-mistake-kinners-word/

# कैलाश यात्रा : कुछ सुझाव एवं जानकारियाँ

कैलाश-यात्रा के अनुभवों और जानकरियों पर आपको कई किताबें मिलती हैं, लेकिन जाने क्यों हर किताब में आस्वाद, अनुभव, दर्शन, भाव नितांत अलग मिलते हैं। हर किताब कोई नया कोण खोलती है। मैंने स्वयं अधिकतर किताबें कैलाश जाने से पहले घोंट ली थीं। चाहे प्राचीन किताबों में वह स्वामी प्रणवानंद की किताब 'कैलाश-मानसरोवर' हो कि स्वामी सत्य देव परिव्राजक की 'मेरी कैलाश यात्रा' हो और नवीनतम पुस्तकों में भी मुझे जो पुस्तक मिल जाती घोंट डालती थी। ग्वालियर के हमारे मित्र मुकेश नेमा जी ने अपने मित्र ओम प्रकाश श्रीवास्तव जी की किताब 'शिव से शिवांश' तक दी थी वह बहुत उपयोगी पुस्तक रही। ओम जी ने मुझे सलाह भी दी कि मैं भारत सरकार द्वारा आयोजित कैलाश-मानसरोवर ट्रिप ही करूँ, उसी में असली अनुभव है, समय सीमा और अन्य परेशानियों को देख मुझे नेपाल होकर जाना ही उपयुक्त लग रहा था।

मैंने हर किताब में से जानकारियों को मन में रखा और उनके अच्छे-बुरे अनुभवों को इरेज़ कर दिया था और कोरी स्लेट लेकर यात्रा पर निकली थी। अपने चक्षुओं को खोल और संवेदनों को जाग्रत करके ताकि मेरे अनुभव भी बाकी लोगों के अनुभवों से अलग और गहरे हों। हालाँकि इन पुस्तकों में दर्ज जानकारियों ने मुझे बहुत सी कठिनाइयों से बचाया इसलिये अब मेरा कर्तव्य है कि मैं इन जानकारियों में अपनी जानकारियाँ भी शामिल कर पाठकों को बताऊँ।

आजकल कैलाश जाने के लंबा समय लेने वाले दुर्गम मगर रोमांचक

और थोड़ा कम समय लगा कर मोटरेबल या हैलीकॉप्टर वाले रास्ते भी हैं। चयन आप पर निर्भर करता है कि आप ज़्यादा से ज़्यादा प्रकृति और पहाड़ों के सान्निध्य में रह कर, रोमांचक रास्तों का आनंद लेते हुए कैलाश पहुँचना चाहते हैं अथवा आपका उद्देश्य महज हैलीकॉप्टर से तकलाकोट पहुँच कर मोटर से मानसरोवर और खच्चरों से कैलाश की परिक्रमा करके लौट आना है?

एक समय था, कैलाश जाने के कई रास्ते थे। उत्तराखंड से, सिक्किम से, नेपाल से, नीति पास से होकर, किन्नौर से, मगर ये सभी रास्ते अत्यंत ही दुर्गम थे और पैदल और खच्चरों पर ही संभव थे। इनमें अकसर यात्रियों को दुर्घटनाओं का सामना करना पड़ता था। आरंभिक कैलाश अथवा तिब्बत यात्रा पर लिखी पुस्तकों के लेखकों में से राहुल सांकृतायन, लॉवेल थॉमस जूनियर तिब्बत में सिक्किम के रास्ते होकर प्रविष्ट हुए थे। मगर बाद में अधिकतर ये यायावर परिव्राजक अल्मोड़ा-पिथौरागढ़ होकर लिपुलेख दर्रा पार कर पैदल और खच्चरों पर कठिनाइयाँ सहन कर पहुँचे थे, मसलन सत्यदेव परिव्राजक, स्वामी प्रणवानंद और सुशील चंद्र भट्टाचार्य आदि।

बिमल डे अपनी दोनों पुस्तकों में बताते हैं कि पहली बार किशोरावस्था में पैदल नेपाली दल में शरीक होकर ल्हासा (तिब्बत) में प्रविष्ट हुए थे दूसरी बार वे सीधे हवाई यात्रा कर पेरिस से बीजिंग और वहाँ से ल्हासा पहुँच कर कैलाश यात्रा की थी।

ताज़ातरीन पुस्तकों में मुझे ओम श्रीवास्तव जी की पुस्तक 'शिव से शिवांश तक' बहुत ज्ञानवर्धक लगी थी। वे भारत सरकार द्वारा आयोजित कैलाश यात्रा के समूह में 2014 में यह यात्रा करके आए थे।

वे इस पुस्तक में लिखते हैं—'अब चीन और भारत के संबंध भारतीय यात्रियों की कैलाश-यात्रा में महत्त्वपूर्ण भूमिका निभाते हैं। अब चीन अधिकृत तिब्बत में आप हर कहीं से नहीं घुस सकते।'

## कैलाश-मानसरोवर यात्रा हेतु मार्ग-विकल्प

कैलाश मानसरोवर यात्रा के इच्छुक यात्रियों के लिये निम्नलिखित विकल्प उपलब्ध हैं—

**1. उत्तराखंड-लिपुलेख दर्रे से होकर (विदेश मंत्रालय द्वारा आयोजित)**—मार्च के आस-पास विदेश मंत्रालय द्वारा कैलाश यात्रा के लिये आवेदन करने के लिए विज्ञापन निकाला जाता है। इनकी एक वेबसाइट है—http://kmy.gov.in/kmy/

यहाँ इस वेबसाइट पर जाकर आप अपनी सुविधानुसार जून से सितंबर मध्य के बीच किसी भी यात्री-समूह का चयन करके आवेदन कर सकते हैं। इसके बाद निष्पक्ष लॉटरी सिस्टम से आपका चयन होता है। कैलाश मानसरोवर के दर्शन के लिए तारीख, समय और महीना तय होने के बाद शुरू होती है रजिस्ट्रेशन प्रक्रिया। आप अगर दंपति हैं, या परिवार जन हैं, दो मित्र हैं तो साथ जाने हेतु आवेदन कर सकते हैं। नाम रजिस्टर होने पर यात्रा की तैयारियाँ, स्वास्थ्य संबंधी सुधार, व्यायाम आदि आरंभ कर देने चाहिए। यह यात्रा स्वस्थ मन और शरीर दोनों की मांग करती है। इसमें आपका स्वास्थ्य हर मानक पर एकदम खरा उतरना चाहिए। क्योंकि इस मार्ग में ज़्यादातर हिस्सा पैदल चलकर ही यह यात्रा पूरी हो पाती है। यह दुर्गम यात्रा दिल्ली से आरंभ होती है, वहाँ कड़े मैडिकल टेस्ट होते हैं जिन पर खरे उतरने पर ही आप आगे यात्रा कर सकते हैं। रास्ते में भी आपकी स्वास्थ्य जाँचें चलती रहती हैं। दिल्ली से उत्तराखंड होकर लिपुलेख दर्रे से तिब्बत में आप प्रवेश करते हैं। इस यात्रा में पचास दिन लगते हैं। व्यय-लगभग दो लाख रुपये प्रति व्यक्ति आता है।

**2. सिक्किम-नाथुला पास से तिब्बत में प्रवेश (विदेश मंत्रालय द्वारा आयोजित)**—इसी योजना के तहत भारतीय विदेश मंत्रालय, दूसरा विकल्प प्रस्तुत करता है, जो मोटरेबल और छोटा रास्ता है। इसमें नाथुला पास (सिक्किम) से हांकू लेक होकर मानसरोवर-कैलाश पहुँचते हैं। यह यात्रा इक्कीस दिन में पूरी होती है। इसका खर्चा ढाई लाख रुपये के लगभग पड़ता है। यह मानसरोवर तक मोटरेबल है मगर इस रास्ते होकर आपकी यात्रा पूरी तरह चीन के मूड पर निर्भर रहती है। चीन कभी भी राजनैतिक संबंधों के सूचकांक के आधार पर यह रास्ता बंद कर देता है या अनुमति नहीं देता। भले ही यह कम समय में पूरी होने वाली यात्रा है।

**3. काठमांडू-नेपाल के रसुवागड़ी-खैरूँग बॉर्डर से होकर (प्राइवेट टूर ऑपरेटर्स)**—तीसरा विकल्प जो थोड़ा आसान और सस्ता है, वो है प्राइवेट टूर ऑपरेटरों के द्वारा करवाई जाने वाली नेपाल की राजधानी काठमांडू से होकर खैरूँग पास और सागा से मानसरोवर-कैलाश की यात्रा। यही विकल्प समयाभाव के कारण हमने लिया था। यह यात्रा क्योंकि काठमांडू से आरंभ होती है तो पंद्रह दिन ही लगते हैं। बाकी विदेश मंत्रालय वाली यात्रा को वे दिल्ली से आरंभ मानते हैं और दिन भी वहीं से गिनना आरंभ हो जाते हैं।

नेपाल में ज्यादातर टूर्स गुजराती लोग ऑपरेट करते हैं। वे जहाँ तक संभव हो अच्छी सुविधाएँ देते हैं। लेकिन ठोक-बजा कर अपना टूर ऑपरेटर चुनें। हमारे समूह में दो व्यक्ति ऐसे थे जिनके साथ धोखा हुआ, आधे पैसे जमा करवा लिये, वे काठमांडू पहुँचे तो वहाँ उस नाम का कोई टूर ऑपरेटर नहीं मिला अथवा बहुत कम यात्रियों की बुकिंग होने पर यात्रा हुई नहीं और पैसे भी वापस नहीं मिले। मैं अपने टूर ऑपरेटर का नाम-संपर्क बता कर अपनी किताब में विज्ञापन नहीं करना चाहती। इस संदर्भ में सही सलाह आप मुझसे संपर्क कर मांग सकते हैं। इस यात्रा में प्रति व्यक्ति एक लाख पचास हज़ार तक लग जाते हैं।

**4. हैलीकॉप्टर द्वारा लखनऊ-नेपालगंज-सिमिकोट होकर (प्राइवेट टूर ऑपरेटर्स)**—नेपाली-गुजराती टूर ऑपरेटरों द्वारा संचालित चौथा विकल्प दस दिन की यात्रा का भी है, जो आजकल बहुत लोकप्रिय है। यह यात्रा लखनऊ-नेपालगंज-सिमीकोट-हिल्सा वाली है जो हैलीकॉप्टर की सहायता से तय की जाती है। हिल्सा से बस से मानसरोवर पहुँचा जाता है। इसमें व्यय अतिरिक्त लगता हैं—यानी ढाई लाख से तीन लाख के बीच।

**5. दिल्ली से ल्हासा-दारचेन (स्वतंत्र टूर)**—पाँचवाँ विकल्प फ़्लाइट से ल्हासा और ल्हासा से बस से कैलाश की तलहटी में पहुँचा जाता है। यह सबसे मंहगा विकल्प है। लेकिन इसे आप अपनी तरह से प्लान कर सकते हैं। आप मानसरोवर तट पर अपने मन से जितने दिन चाहें रुक सकते हैं, इनरकोर की परिक्रमा अपने मन से कर सकते हैं। अपनी यात्रा-योजना खुद बना सकते हैं।

इन सभी यात्राओं में आपके पहुँचने का केन्द्र दारचेन या मानसरोवर ही रहता है। शेष कैलाश परिक्रमा के अनुभव सभी के वही रहते हैं, चाहे आप किसी दिशा से हैलीकॉप्टर से, बस से, खच्चरों, लैंडक्रूज़र से पहुँचे। सभी को कैलाश परिक्रमा पथ पैदल या खच्चरों पर पूरा करके उन्हीं अस्थाई डेरों में रहना होता है और दाल-भात खाना होता है।

जब आप अपना विकल्प तय कर लेते हैं, आपके टिकट्स और बुकिंग्स हो जाती है, उसके बाद फिर जो अंतराल आपको मिलता है, वह बहुत उपयोगी समय है कि आप स्वयं को मानसिक और दैहिक तौर पर सबल करें। बहुत अधिक ऊँचाई को लेकर यूँ भी आप का शरीर आदी नहीं होता तो नियमित व्यायाम कर फेफड़ों की क्षमता बढ़ाना और माँसपेशियों को अतिरिक्त श्रम करने योग्य बनाना आवश्यक है। ट्रेडमिल पर 'इनक्लाईन' (चढ़ाव) की सैटिंग लगा कर अपनी क्षमता अनुसार वॉक करें, फिर समय और सैटिंग दोनों धीर-धीरे बढ़ाएँ। क्रॉस-ट्रेनर भी एक अच्छा विकल्प है। वेट ट्रेनिंग की आवश्यकता नहीं, केवल एयरोबिक व्यायाम ही काफी हैं।

प्राणायाम और ध्यान भी करें। प्राणायाम हाई ऑल्टीट्यूड के लिए आपके श्वसनतंत्र को तैयार करेगा और ध्यान कैलाश की दुर्गम यात्रा में किसी प्राकृतिक आपदा का सामना करने हेतु मन और विवेक को केंद्रित रखने में मदद करेगा।

एक सबसे ज़रूरी बात मैडिकल टैस्ट करवाते समय, रिपोर्ट बनाते समय डॉक्टर से न तो झूठ बोलें न उसे विवश करें कि वह गलत रिपोर्ट बना दे। क्योंकि ऊँचाइयाँ आपको एक पल की मोहलत नहीं देतीं अपना झूठ ठीक करने के लिए। वहाँ डॉक्टर नहीं पहुँच पाते। समय रहते अपने शरीर की ठीक होने लायक बीमारियों का इलाज करें, परहेज़ कर स्वस्थ हो जाएँ। जो स्थायी गंभीर बीमारियाँ हैं, ब्लडप्रेशर, डायबिटीज़, थायरॉयड, अस्थमा उसे दवाओं और परहेज़ से पहले सामान्य अवस्था में लाएँ अन्यथा आप ही को या आपके परिजनों को परेशानी भुगतनी पड़ सकती है। अपनी नियमित दवाओं को डॉक्टर के साईन किये गये पर्चे के साथ अपने पास रखें।

ऊँचाई में हमेशा आपको हर बढ़ती ऊँचाई के साथ एक पड़ाव पर एक दिन या रात भर रोक कर आगे बढ़ाया जाता है। ताकि आपका शरीर तादात्म्य

बिठाता चले। लेकिन फिर भी 'हायपोक्सिया' (कम ऑक्सीजन) या माउंटेन सिकनेस तो परेशान करती ही है। उसके लिए दवाएँ हैं जो डॉक्टर आपको प्रेस्क्राईब कर देते हैं और आपके टूर मैनेजर के पास भी हरदम वे दवाएँ रहती हैं।

आप अपनी यात्रा में सामान कम से कम लेकर चलें तो अच्छा ही रहता है। लेकिन कैलाश-मानसरोवर की यात्रा में बहुत-सी ऐसी चीज़ें रखनी पड़ती हैं जो सामान्य यात्रा से अलग होती हैं और जिनको आप छोड़ नहीं सकते हैं।

## यात्रा में आवश्यक सामान की सूची

**कपड़े-जूते :**

खास किस्म के ट्रेकिंग शूज़ लें जो बहुत भारी न हों और बर्फ़ पर चलने लायक हों। जूते नये लेने हों तो पहले लें लें और पहन कर रवां कर लें। कम से कम दो जोड़ी सामान्य और दो जोड़ी ऊनी मोज़े लें। एक घर पहनने की चप्पल।

अच्छी ब्रांड के सन-ग्लासेज़ जो अल्ट्रावॉयलेट रेज़ से सुरक्षा दें।

कैलाश परिक्रमा के दौरान या मानसरोवर में ठंड किसी भी हिल स्टेशन से कई गुना अधिक पड़ती है उस पर हाई ऑल्टीट्यूड। ऐसे में मोटे भारी कोट-जैकेट्स मुसीबत बन सकते हैं। (मैं भुक्तभोगी हूँ) इसलिये इस क्रम में लेयर्स में कपड़े पहनें—इनरवियर, शर्ट या कुर्ता, स्वेटर, जैकेट, पैंट या सलवार के नीचे गर्म लोअर्स (ऊनी पाजामे) पहनें। साधारण मोजों के ऊपर ऊनी मोजे पहनें। कम से कम दो जोड़ी ऊनी इनरवियर और ऊनी पाजामे रखें। दो स्वेटर और एक क्विल्टेड जैकेट रखें। बरसात काम बिगाड़ सकती है तो अतिरिक्त ऊनी कपड़ों के साथ रेनकोट भी रखना ज़रूरी है। ऊनी दास्ताने, मफ़लर, गला और कान ढकने वाली कैप्स, सन हैट भी रखना न भूलें। एक गर्म शॉल भी उपयोगी रहती है।

शेष अपने सामान्य कपड़े आवश्यकतानुसार, न ज्यादा न कम। सागा तक आपको होटल्स में तौलिया मिलेगा लेकिन मानसरोवर व कैलाश के लिये पतला-सा तौलिया रखें जो जल्दी सूखता हो। आठ जोड़ी अंडरगार्मेंट्स रखें, धोना-सुखाना झंझट का काम है ऐसी यात्राओं में।

महिलाओं के लिये पहाड़ी यात्राएँ अतिरिक्त परेशानी लेकर आती हैं, हर जगह टॉयलेट्स नहीं होते और होते हैं तो बहुत गंदे। मेरी सलाह है कि ऑनलाईन मिलने वाली 'फीमेल यूरिनेशन डिवाइस' साथ रखें। इसके चलते ज़मीन पर बैठने की परेशानी, इंफ़ेक्शन से भी बचाव होगा। परिक्रमा के दौरान जहाँ नहाना क्या मुँह धोना तक संभव नहीं होता वहाँ पैंटीज़ बदलने की जगह पैंटी लाइनर इस्तेमाल कर सकते हैं। पीरियड्स हों तो मैंस्टुअल कप सबसे सुविधाजनक हैं, ट्रेकिंग के दौरान। वैट टिश्यू नेपकिन्स और सैनेटाइज़र ऐसे में महिलाओं के सबसे अच्छे दोस्त होते हैं। एक बार मानसरोवर पहुँच जाएँ तो शैंम्पू-स्नान भूल कर सूक्ष्म स्नान विधि अपना लें।

सनस्क्रीन (50 spf), मॉइश्चराइज़र, लिपग्लॉस, ज़रूर रखें। बाल बाँधकर ही रखना उचित है सो हेयरबैंड्स साथ रखें।

**अन्य सामान :**

कैमरा, छोटी दूरबीन, रिकॉर्डिंग डिवाइस या मोबाइल फ़ोन जिसमें आप बोल कर विवरण दर्ज कर सकें।

थर्मस—ऊँचाइयों पर गर्म पानी पीना ही मुफ़ीद रहता है।

लाइफ़स्ट्रॉ फिल्टर बॉटल—जिसमें कहीं से भी पानी भरा जा सकता है और वह छन कर पीने योग्य हो जाता है।

ऑक्सीजन सिलेंडर, एक नायलॉन की मजबूत रस्सी, टॉर्च और कैंडल्स-परिक्रमा में डेरों पर रात नौ बजे के बाद लाईट बिलकुल नहीं रहती।

ज़िप लॉक्स—पहने हुए अधोवस्त्र, गीला सामान रखने के लिए।

बर्फ़ पर ले जाने वाली फोल्डिंग वॉकिंग स्टिक, चाकू, कैंची, नेलकटर वाला सेट, चार्जर्स, बैटरीबैंक।

अगर आप हवन और पूजा में रुचि रखते हैं तो हवन पूजा सामग्री, धार्मिक पुस्तकें ला सकते हैं। मानसरोवर और गौरीकुंड जल एकत्र करने हेतु छोटी बॉटल्स।

**ज़रूरी दवाएँ :**

अपनी नियमित दवाओं संग (अगर लेते हों तो) डॉक्टर की सलाह के साथ ये दवाएँ भी रखें—

1. हाई आल्टीट्यूड की सबसे ज़रूरी दवा—डायमॉक्स
2. दर्दनाशक दवाओं में कॉम्बीफ़्लेम (पैरासिटामॉल और ब्रूफ़ेन का मिश्रण) या अलग-अलग दोनों।
3. मसल रिलेक्सेंट क्रीम (मूव वगैरह) और खाने वाली दवा सिपजॉक्स ज़रूर रखें।
4. एसीडिटी की दवाएँ—रैनीटिडीन, डायजीन
5. माउंटेन सिकनेस में उल्टी-चक्कर की दवाएँ—ऑन्डेम
6. एंटी एलर्जिक दवाएँ—सिट्राज़ीन, एलेग्रा
7. एंटीबायोटिक दवाएँ
8. ओ आर एस के पैकेट्स
9. घुटनों की सुरक्षा के लिए नी कैप ज़रूर लें।
10. बैंडेड, रूई का पैक, बैंडेज
11. हॉटवॉटर बैग

**खाने-पीने की वस्तुएँ :**

रेडी टू मेक सूप, कॉफ़ी, कप्पानूडल्स, ड्राइफ्रूट्स, चॉकलेट्स, नमकीन, खाखरे। खाने के सामानों को छोटे-छोटे पैकेट्स में बांट कर अपने पिट्ठू बैग में रख सकते हैं ताकि पूरा सामान न खोलना पड़े, परिक्रमा में आसानी से ढोया जा सके।

**पैकिंग संबंधित सुझाव :**

इस सब सामान को आप अटैचियों में न रख कर चलें। पहाड़ी इलाकों में विभिन्न आकार-प्रकार के बैग्स, रकसैक ही काम आते हैं। हमें हमारे टूर ऑपरेटर ने एक-एक बड़ा चौड़ा बैग भेजा था जो सारा सामान रखने के लिए पर्याप्त था। दूसरा पिट्ठू बैग जो परिक्रमा के दौरान ज़रूरी चीज़ें, एक जोड़ी कपड़े रख कर चलने के लिए था, एक छोटा क्रॉस मनी एंड पासपोर्ट बैग था।

पहाड़ों में बैग्स इसलिए सुविधाजनक हैं कि, एक तो लैंडस्लाइड में रस्सी में बांध इधर से उधर पहुँचाने में आसान रहते हैं, दूसरे कभी खच्चर पर लादना हो तो बैग आसान रहते हैं।

## मेरे अनुभवों से उपजे कुछ ज़रूरी सुझाव

1. कस्टम पोस्ट या चैक पोस्ट पर चीनी अधिकारियों से बहस न करें। दलाई लामा या बुद्ध के फ़ोटो मोबाइल में न रखना ही उचित है।
2. मुद्रा विनिमय भारत में या नेपाल में ही कर लें। तिब्बत में यह अधिक दर पर होगा।
3. अपना पासपोर्ट और कागज़ात पॉलीथिन में पैक करके क्रॉसबैग में अपने शरीर से लटका कर ही रखें।
4. चीनी सैन्य स्थलों के फ़ोटो न खींचें। मुसीबत में पड़ सकते हैं।
5. इस यात्रा में नशा, नींद की गोली का प्रयोग एकदम न करें।
6. साड़ी या धोती, चप्पल या नंगे पैर परिक्रमा करना न केवल बेवकूफ़ी है बल्कि जान जोखिम में डालने वाली बात है।
7. कम से कम सामान लेकर परिक्रमा करें।
8. पहाड़ों का सम्मान करें, अतिरेक न दिखाएँ। शरीर की क्षमताएँ मितव्ययता से खर्च करें। खाई की ओर न चलें। यथासंभव टट्टू न ही करें। आप टट्टू को पकड़े रहने और घबराहट तथा टट्टूवाले की जल्दबाज़ी में पर्वतों के सौंदर्य को निहारने से वंचित रह जाते हैं।
9. गर्म और गुनगुना पानी लगातार पीते रहें। 11000 फीट की ऊँचाई से ही नियमित डॉयमॉक्स लेना आरंभ कर दें। शरीर को बारीकी से समझें। भूख न लगने पर भी थोड़ा-थोड़ा खाते रहें।
10. मानसरोवर में डुबकी लगाना और तट पर हवन करना आजकल मना है। एक अहाते में मानसरोवर जल और हवन की सुविधा है वहाँ अपनी आस्थाओं को पूरा करें। दूसरे देश के नियमों का सम्मान करें। कचरा यहाँ-वहाँ न फेंकें।

थोड़ी-सी तैयारी, बहुत सारा अध्ययन, थोड़ा-सा व्यायाम, थोड़ी एहतियात आपकी हर यात्रा को सुगम बना सकती है। उम्मीद है यात्रावृत्त के साथ ये सुझाव भी आपको पसंद आएँगे।

❑❑❑

www.ingramcontent.com/pod-product-compliance
Ingram Content Group UK Ltd.
Pitfield, Milton Keynes, MK11 3LW, UK
UKHW042017190726
13854UKWH00005B/2331

9 789389 373202